Über dieses Buch

»Dies ist ein Buch finsterer Taten für finstere Nächte« – meint der Herausgeber dieser Geschichten. Da treiben Hexen und Gespenster, Ungeheuer und Feen ihr Unwesen; der Kobold Merodach versucht vergeblich, die verfluchte Lady Wheelhope loszuwerden, und Lord Soulis will mit der Kraft eines Riesen, dem Herzen eines Dämons, dem bösen Blick und der Macht der Unterwelt die sanfte Marion erringen. Doch über alles Lesevergnügen hinaus dokumentiert dieser Band die reiche Erzähltradition Schottlands, dieses geheimnisvollen Landes voller düsterer Berge, undurchdringlicher Sümpfe und trostloser Ebenen. Die hier versammelten Autoren, deren Phantasie so entscheidend von ihrem Land, seinen überlieferten Mythen und Epen geprägt wurde, haben längst Weltruhm erlangt; dieser Band versammelt ihre schönsten und unheimlichsten Gespenstergeschichten.

Der Herausgeber

Peter Haining, 1940 geboren, lebt heute mit seiner Frau und zwei Söhnen bei Colchester in England. Er war Redakteur bei einem Londoner Magazin und Verlagsdirektor, ehe er sich als Schriftsteller selbständig machte. Er veröffentlichte zahlreiche Anthologien unheimlicher Geschichten, mehrere Sachbücher über das Übernatürliche und einen Spionageroman.
Im Fischer Taschenbuch Verlag sind außerdem von Peter Haining erschienen: ›Ungeheuer‹ (Bd. 1417), ›Spuk‹ (Bd. 1447), ›Corrida‹ (Bd. 1505), ›Stunde der Vampire‹ (Bd. 1527).

Schottische Gespenstergeschichten

Eine Anthologie
herausgegeben von Peter Haining

Fischer Taschenbuch Verlag

Fischer Taschenbuch Verlag GmbH, Frankfurt am Main
Februar 1976
Gekürzte Ausgabe
Die Originalausgabe erschien erstmals 1971 unter dem Titel
›The Clans of Darkness‹,
Taplinger Publishing Co., Inc., New York, New York
Umschlaggestaltung: Endrikat + Wenn

Gesamtherstellung: Hanseatische Druckanstalt GmbH, Hamburg
Printed in Germany
480-ISBN 3 436 02205 5

Inhalt

Gewidmet der Erinnerung an meinen Großvater
Alexander Haining
und
›Tir nam Beann, 's nan Gleann, 's nan Gaisgeach‹

»In Schottland verrichten Eisenbahnen, Straßen, Zeitungen und Touristen ihr Werk langsam, aber sicher. Sie vertreiben zwar die Romantik, aber sie vertreiben nicht den verbreiteten Glauben an das Übernatürliche. Es wird ihn noch geben, wenn der letzte Rest Romantik verbannt ist, denn der Aberglaube gehört offenbar keiner bestimmten historischen Epoche an, sondern allen. Er gedeiht in den Städten ebenso wie in den Bergen und ist durchaus nicht nur Sache der Ungebildeten.« J. F. Campbell

Einführung

PETER HAINING

»Sie besaß die größte Sammlung des Landes an Geschichten und Liedern über Teufel, Gespenster, Feen, Kobolde, Hexen, Zauberer, Feuerwesen, Wassergeister, Elfen, Totenlichter, Erscheinungen, Hausgeister, Riesen, verzauberte Türme, Drachen und anderen Unsinn. Dies förderte die verborgenen Anlagen zur Poesie, hatte aber auch eine so starke Wirkung auf meine Phantasie, daß ich mich noch heute bei meinen nächtlichen Wanderungen an unheimlichen Orten besonders vorsehe; oft ist eine geradezu philosophische Anstrengung nötig, um das unsinnige Grauen abzuschütteln.«

Dies schrieb Robert Burns in einem Brief (1787) an seinen Freund Dr. Moore, um zu erklären, wie sehr er mit seinem Werk in der Schuld einer alten Frau stand, die während seiner Kindheit im gleichen Haus gewohnt hatte. Durch solche Zusammenhänge wurden viele der großen schottischen Balladen- und Geschichtenschreiber angeregt, die mit Wohnstubenlegenden und in einer Landschaft voller Dämonen und Geister aufwuchsen.

Nicht von ungefähr ist Schottland ein Land genannt worden, das »dem Aberglauben und überlieferten Ängsten zugänglicher ist als jede andere Nation der Welt«, und dies spiegelt sich natürlich in seiner Literatur – von den heroischen Legenden der ganz frühen Zeit über Scott und Stevenson bis in die Gegenwart. Tatsächlich ist aus den vielen düsteren Winkeln des Berglandes und der weiten Ebenen eine Vielzahl von *Seanachas* (traditionellen Erzählungen) überliefert, die sich aus Mythen und Epen entwickelt haben und von Generationen geschickter Geschichtenerzähler zu einem kostbaren Gebilde der Phantasie verwoben wurden. Hinzugekommen sind Geschichten über Hexen und Zauberer, ein Ergebnis der schrecklichen Hexenverfolgungen in Schottland, deren Hysterie nur in Deutschland überboten wurde; außerdem die Gespenster und Feen verwunschener Schlösser und Täler, die gräßlichen Ungeheuer entlegener Seen und Höhlen, der finstere Aberglaube und die Angst, geboren aus der Unwissenheit und im Vergleich zwischen Herz und Bildung am Leben erhalten — und die Greuel, die aus Verbitterung und Rachedurst nur der Mensch dem Mitmenschen antun kann. All diese Elemente — und andere mehr — bestimmen die Einzigartigkeit von Schottlands makabrer Literatur.

Es ist eine so umfangreiche und ideenreiche Literatur, daß der Versuch, in einer solchen Sammlung einen vollständigen Überblick zu geben, von vornherein zum Scheitern verurteilt ist. Man mag also dem Herausgeber verzeihen, daß die eine oder andere Geschichte nicht mit in den Band aufgenommen wurde.

Ein »internationales Publikum«, das möchte ich schnell hinzufügen, habe ich bei der Arbeit an diesem Band stets vor Augen gehabt, denn die Schotten reisen ja gern und finden sich in allen Winkeln der Erde. Und doch vergißt kein Mann des Nordens jemals seine Heimat; angesichts der leichten Bevorzugung »reisender Schotten« in dieser Auswahl sollte ich deshalb vielleicht die Worte Eric Linklaters anführen, der kürzlich schrieb: »Blut ist dicker als das fremde Meer, und in zwei lauten Nächten des Jahres gibt es in hundert Städten von Auckland bis Seattle viele tausend brave und disziplinierte Bürger, die in einer gewaltigen Gefühlsaufwallung ihre Herkunft bekennen, die eine andere Umwelt sonst vergessen macht.« Als Enkel eines schottischen Schneiders, der eben das getan hat, haben diese Worte für mich eine besondere Bedeutung — wie bestimmt auch für viele andere.

Doch genug des Gefühls — dies ist ein Buch finsterer Taten für finstere Nächte. Wie jeder Anthologist bedauere ich es irgendwie, daß meine Arbeit getan ist, denn es gibt kaum ein schöneres Erlebnis, als die Gaben großer Schriftsteller zu erforschen und ein verlorenes Juwel aufzuspüren — es sei denn, mit diesem Buch würde dem Leser die gleiche Freude der Entdeckung bereitet.

Hier also sind die schottischen Gespenstergeschichten, die Klans der Düsternis, die die nächtlichen Pfade der Phantasie bevölkern und die ich Ihnen mit dem guten Rat, die Nerven zu behalten, übergebe — und mit den Worten John Buchans: »Ich schreibe über das entlegene Schottland, über das Land hinter dem Nebel und den sieben Bergen, über einen Ort, der dem Wanderer wenig zugänglich ist — doch um so mehr dem Geschichtenerzähler.«

Die schwarze Fähre

JOHN GALT

Ich kehrte von meinem ersten Jahr im College zurück. Seit einiger Zeit war das Wetter ungewöhnlich regnerisch gewesen; Bäche und Rinnsale waren über ihre Ufer getreten, Wiesen waren überflutet, und der Strom selbst hatte sich zu einem tobenden Hellespont ausgedehnt, den die Fähre nur eine Stunde vor und nach der höchsten Flut überqueren konnte.
Es war ein naßkalter, stürmischer Tag, so daß ich bis zum Spätnachmittag in der Schänke festgehalten wurde. Es war also bereits dunkel, als ich das Fährhaus erreichte. Die Flut gestattete eine sichere Überfahrt erst um Mitternacht. Ich mußte deshalb am Feuer sitzen und die Zeit abwarten, was mir etwas Unbehagen bereitete, denn der Fährmann war alt und zittrig, und sein Sohn Dick, der sich normalerweise nachts um das Boot kümmerte, war gerade nicht zu Hause. Der Tag war schließlich so schlimm gewesen, daß man keine Reisenden für die Nacht erwartet hatte.
Die Anwesenheit Dicks war jedoch nicht unbedingt erforderlich, denn das Boot zog sich an einem Seil von Ufer zu Ufer, das in der Flußmitte verankert war. Wegen der starken Strömung war nun ein zweites Seil über den Fluß gespannt worden, an dem sich Passagiere ohne Hilfe hinüberziehen konnten – eine leichte Aufgabe für jene, die sich darauf verstanden. Das ließ sich von mir nicht gerade sagen, ich trug immerhin den Arm in der Schlinge.
Während ich am Kamin saß und mit dem Fährmann und seiner Frau sprach, betrat ein munterer, gut aussehender Landbursche mit der Kokarde eines Rekruten am Hut das Haus, begleitet von einer jungen Frau, die hochschwanger war. Den Neuankömmlingen wurde berichtet, wie es um die Fähre stand, und daß sie auf Dicks Rückkehr warten müßten, wenn der Rekrut das Boot nicht selbst lenken wollte.
Die beiden hatten erst an diesem Tag geheiratet und waren auf dem Weg zu einer Abteilung des Regiments; Ralph Nocton, so hieß der Rekrut, hatte sich dafür am Abend eingeschrieben, nachdem ihn die Gemeindevorsteher gezwungen

hatten, das Mädchen zu heiraten. Wie groß ihre Liebe und ihr Gefühl zusammenzugehören auch einmal gewesen sein mochten — sie waren kaum einige Minuten im Haus, als er sie mürrisch anbrummte, und sie begegnete ihm auch nicht liebevoller. Er sagte nicht viel, musterte sie jedoch mit finsterem Blick, während sie ihn schalt, daß er sich überstürzt zum Militär gemeldet habe, um sie und sein ungeborenes Kind zu verlassen. Sie versicherte ihm, sie würde sich nie von ihm trennen, solange noch Leben und Kraft in ihr wären.

Obwohl sich nicht abstreiten ließ, daß sie eine anziehende Erscheinung war, hatte sie etwas Zänkisch-Dümmliches, das einer Aussöhnung nicht gerade förderlich war. Es wunderte mich daher nicht zu hören, daß Nocton sie nur widerstrebend geheiratet hatte; ich bedauerte wirklich, daß die Gemeindevorsteher so wenig mitfühlend und so gewissenlos gewesen waren, den armen Burschen für sein ganzes Leben unglücklich zu machen, nur um die Gefahr abzuwenden, daß das Kind später der Gemeinde zur Last fiel.

Der Fährmann und seine Frau versuchten die beiden mit ihrem Schicksal auszusöhnen, und der Rekrut, der von Natur aus unbekümmert und gutmütig zu sein schien, wollte sich wohl auch beruhigen lassen; doch seine schwächere Hälfte war starrköpfig und launisch. Als ein plötzlicher Regenschauer gegen das Fenster trommelte, schrie sie wie ein unerzogenes Kind los, sie würde in dieser Nacht nicht weiterreisen.

»Du kannst machen, was du willst, Mary Blake«, sagte Nocton. »Ich muß jedenfalls weiter, denn die Abteilung marschiert morgen früh. Der Captain hat mich überhaupt nur deshalb so lange in der Stadt bleiben lassen, damit du genug Zeit zur Vorbereitung hattest.«

Doch sie beklagte sich nur bitterlich über seine Grausamkeit, sie in ihrem Zustand und bei solchem Wetter zum Reisen zu zwingen. Nocton wollte nicht auf sie hören und erwiderte ihr verbissen, was so gar nicht zu seinem lebensfrohen Äußeren paßte, daß er zwar schon durch sie ruiniert worden sei, sie ihn aber nicht auch noch zum Deserteur machen werde.

Darauf verließ er das Haus und blieb einige Zeit allein. Als er zurückkehrte, hatte sich sein Aussehen überraschend verändert; sein Gesicht war aschfahl, seine Augen leuchteten fiebrig und aufgeregt, und seine Lippen bebten, als er sagte: »Komm, Mary, ich kann nicht länger warten; das Boot ist be-

reit, der Fluß hat sich beruhigt, und mit dem Regen ist es vorbei.«
Sie protestierte vergeblich; er blieb fest. Sie hatte nur die Wahl, ihn zu begleiten oder zurückzubleiben. Der alte Fährmann brachte sie zum Boot, sah sie einsteigen und gab dem Rekruten Anweisungen, wie er mit den Seilen umgehen müsse, da das Wasser noch ziemlich stark auflaufe. Als er ins Haus zurückkehrte, sagte er scherzhaft zu seiner Frau:
»Ich begreife nicht, warum immer nur die jungen Männer die Schuld tragen und den Mädchen das ganze Mitleid zufällt.«
In diesem Augenblick prasselte ein Regen- und Hagelschauer wie eine Ladung Schrotkörner gegen das Fenster, und einem grellen Blitz folgte einer der gewaltigsten Donnerschläge, die ich je gehört habe.
»Mein Gott!« rief die alte Frau zusammenzuckend. »War das nicht eben ein Schrei?« Wir lauschten, doch der Schrei wiederholte sich nicht; wir eilten zur Tür, aber außer dem Toben des Flusses und dem Dröhnen der Meereswogen, die sich an der Sandbank brachen, war nichts zu hören.
Kurz darauf kam Dick nach Hause, und nachdem das Boot an seinen Platz zurückgedrückt worden war, schiffte ich mich mit ihm ein und erreichte die gegenüberliegende Schänke, wo ich bald zu Bett ging. Kaum hatte ich den Kopf auf das Kissen gelegt, als mich plötzliches, unerklärliches Entsetzen befiel; ich erbebte vor unsagbarem Grauen, ich hatte das vage Gefühl, ein unsichtbares Wesen hocke neben mir, und brachte nur mit Mühe die Kraft auf, das Haus nicht zusammenzuschreien. Endlich fiel ich in einen flachen unruhigen Schlaf; seltsame Träume und unbestimmte Ängste ließen mich mehr als einmal hochschrecken; sie gaukelten mir schreckliche Bilder von einem Soldaten vor, der eine Frau ermordet, von offenen Gräbern und Galgenschlingen, die im Winde pendeln. Soweit ich mich erinnern konnte, hatte ich in meinem ganzen Leben noch keine solche Nacht verbracht.
Am Morgen war die düstere Wolke über meinem Geist weitergezogen, ich erhob mich zur gewohnten Stunde und setzte wohlgemut meine Reise fort. Es war ein strahlender Morgen, die Welt schimmerte frisch im Licht der aufsteigenden Sonne; vergessen waren der Rekrut und seine Braut.
Aber als sich die Nacht zum erstenmal jährte, befiel mich unerklärliche Niedergeschlagenheit, die mich ungeheuer be-

lastete; ich versuchte, das Gefühl abzuschütteln, doch vergeblich; mein Geist war infiziert, und ich hätte mit eigener Willensanstrengung das Unbehagen ebensowenig abschütteln können, wie etwa der Körper durch viel Bewegung ein Fieber loswürde. Ich zog mich also bedrückt in mein Bett zurück, konnte aber trotzdem einschlafen. Um Mitternacht weckte mich ein furchtbarer, undefinierbarer Schrecken; es war dasselbe vage Gefühl eines unsichtbaren Besuchers, das ich schon einmal empfunden hatte; und wieder mußte ich im selben Augenblick an Nocton und Mary Blake denken; ich sah — und ich glaube heute, daß ich wirklich eine Erscheinung hatte —, wie sich das unglückselige Paar beschimpfte.
Während ich noch hinschaute und meinen Augen nicht traute, drehte sich die arme Braut um und sah mich an. Wie soll ich mein Entsetzen beschreiben, als ich anstelle der rosigen Schönheit ihres Gesichts nur die Leichenfratze eines Schädels erblickte; ich fuhr hoch und schrie mit so furchtbarer Heftigkeit auf, daß sämtliche Hausbewohner mit Lampen hereinstürzten; meine Beschämung verhinderte, daß ich von der Erscheinung berichtete, und mit gezwungenem Lachen schrieb ich die Störung einem Alptraum zu.
Dies geschah, während ich mich in einem Badeort an der Westküste aufhielt; ich lebte mit mehreren Fremden in einer Pension; zu den Gästen gehörte ein großer bleichgesichtiger deutscher Gentleman, der ein eindrucksvoll ernstes Äußeres zur Schau stellte. Er war der intelligenteste Beobachter, den ich je kennengelernt habe, und von einzigartigem Scharfsinn. Als wir uns am nächsten Morgen vom Frühstückstisch erhoben, nahm er meinen Arm und führte mich auf den Rasen vor dem Haus; und als wir uns einige Meter von den übrigen entfernt hatten, sagte er:
»Verzeihen Sie, Sir, denn ich muß Ihnen eine aufdringliche Frage stellen. Sind Sie gestern wirklich von einem Alptraum aufgeschreckt worden?«
»Ich habe nichts dagegen, Ihnen offen zu antworten; doch sagen Sie mir zuvor, warum Sie mir eine solche Frage stellen?«
»Das ist nur vernünftig. Ich hatte einmal einen Freund, der Maler war; kein anderer Mensch hat je eine Phantasie besessen, die besser zu beurteilen wußte, wie die Natur in ihren Rätseln dargestellt werden muß. In einem seiner Bilder hielt er die Szene fest, wie Brutus von seinem bösen Dämon nach

Philippi gerufen wird, und seltsamerweise haben Sie eine gewisse Ähnlichkeit mit dem gemalten Brutus. Als ich gestern abend mit den anderen in Ihr Zimmer eilte, sahen Sie dem Brutus aus dem Bild so ähnlich, daß ich hätte schwören können, Sie hätten die Vision eines Geistes gehabt.«

Ich berichtete ihm, was ich Ihnen eben dargelegt habe.

»Wunderbar«, sagte er, »welch unvorstellbares Mitgefühl Sie mit dem Schicksal dieser unglückseligen Personen verbindet! Diese erneute Heimsuchung ist mehr als das Hirngespinst eines Traums.«

Seine Bemerkung erfüllte mich mit einem unangenehmen Angstgefühl, und eine Zeitlang lief mir ein seltsames Kribbeln über den Körper. Doch der Eindruck verging schnell wieder und war bald völlig vergessen.

Als erneut der Jahrestag heranrückte, ergriff mich dieselbe Bedrückung und sinnlose Furcht; sie erfüllte mich mit schlimmen Vorahnungen, bis ich zu Bett ging, und nach meinem ersten Schlaf wurde ich zum drittenmal von der schon bekannten rätselhaften Panik aufgeschreckt. Diesmal jedoch war die Vision anders. Ich sah nur Nocton, der bleich und verwundet auf einem Bett lag, und auf seiner Decke befand sich ein Paar neuer Epauletten, als seien sie eben aus dem Papier genommen worden.

So wurde ich sieben Jahre lang jeweils am gleichen Tag heimgesucht. Die Vision war jedesmal anders, doch Mary Blake bekam ich nicht mehr zu Gesicht. Beim viertenmal sah ich Nocton in der Uniform eines Adjutanten an einem Tisch sitzen, vor sich die üblichen Attribute der Geselligkeit; es war nur der Teil einer Szene, so wie man sie etwa in einem Spiegel sieht.

Beim fünftenmal schien er mit dem Schwert in der Hand einen Befestigungswall zu erklimmen; hinter ihm ging die Sonne unter, und die Schatten und Umrisse eines fremden Landes mit orientalischen Kuppeln und Pagoden umgaben ihn; es war nur ein Bild, das mir jedoch lebhafter erschien, als es jedes Gemälde sein könnte.

Bei der sechsten Vision lag er wieder auf einer Couch; sein Gesicht wirkte ernst und bleich, aber nicht wegen seiner Verwundung, sondern weil er offenbar krank war. An seinem Bett erschien die Gestalt eines Generals mit einem Stern auf der Brust, dessen Konversation ihn, wenn auch schwach, zu erfreuen schien.

Doch beim siebenten und letztenmal, da sich die Schrecknisse für mich wiederholten, sah ich ihn auf dem Pferderükken in einer Schlacht; und während ich ihn anschaute, wurde er von einem Säbel ins Gesicht getroffen, Blut strömte über seine Uniform.

Danach vergingen Jahre ohne solche schrecklichen Erscheinungen. Mein Geist und meine Erinnerungen gewannen ihr gesundes Gleichgewicht zurück. Ohne sie nun jeweils für ein ganzes Jahr zu vergessen, dachte ich von Zeit zu Zeit an Nocton und Mary Blake, so wie man sich an Dinge aus der Vergangenheit erinnert, und schilderte meinen Freunden die seltsamen periodischen Heimsuchungen als bemerkenswertes metaphysisches Phänomen. Durch einen seltsamen Zufall war stets mein deutscher Freund zugegen, wenn ich diese Träume schilderte. Er sprach zwischendurch manchmal mit mir darüber, doch meine Antworten waren wenig ergiebig, meine Erinnerung war so unvollkommen. Nicht so bei ihm. Alles, was ich ihm berichtete, hielt er gewissenhaft in einem Buch fest, in dem er selbst die unwichtigsten Kleinigkeiten verzeichnete, die ich in meinen Visionen bemerkt hatte. Ich erwähne hier nicht seinen Namen, denn er ist ein bescheidener und scheuer Mann von schlechter Gesundheit, der sich seit langem von jeder Gesellschaft abgesondert hat. Er genießt jedoch einen so hervorragenden Ruf, daß sein Name hier nicht erwähnt werden könnte, ohne ihn womöglich der aufdringlichsten Neugier auszusetzen. Doch weiter in meinem Bericht.

Genau vierzehn Jahre – zweimal sieben Jahre – sind mir noch genau im Gedächtnis: in den ersten sieben Jahren war ich, wie beschrieben, heimgesucht worden, und in den zweiten sieben Jahren hatte ich ein ruhiges Leben geführt. Am Ende dieser vierzehn Jahre stattete mir mein deutscher Freund in diesem Haus einen Besuch ab. Er kam am Vormittag, und wir verbrachten einen angenehmen Tag zusammen, denn er war ein Mann von geheimen Kenntnissen. Ich wüßte keinen anderen, der sich so wundersam auf den okkulten Wissensgebieten auskennt.

Er war ein echter Astrologe, für ihn war dies kein leeres Getue, sondern eine Wissenschaft; er verachtete Horoskope und Weissager mit dem gerechten Spott eines Philosophen, doch er hatte eine herrliche Auffassung von den gegenseitigen Abhängigkeiten in der Natur. Er gab sich keine Mühe, zu den Ursachen vorzustoßen, sondern sprach mit strahlender religiö-

ser Eloquenz von den Wirkungen. Er beschrieb mir, wie die Gezeiten den Mondphasen folgten; doch er widersprach der Newtonschen Vorstellung, daß sie durch den Druck der lunaren Veränderungen hervorgerufen würden. Er erklärte mir, wie man das Vorrücken der Sonne, wenn sie in das Sternbild des Widders und in die anderen Tierkreiszeichen eintrat, an der Entwicklung von Pflanzen und Blumen und an den Leidenschaften und Krankheiten von Tieren und Menschen verfolgen könnte; daß die Sterne jedoch mehr als nur die Himmelszeichen dieser terrestrischen Phänomene sein sollten, verspottete er als Wahnsinnstheorie.
Seine Kenntnisse in der seltsamen Kunst der Alchemie waren gleichermaßen hervorragend. Er belachte die Vorstellung eines Elixiers der Unsterblichkeit, und in seiner Meinung über den Mythos vom Stein der Weisen spiegelten sich Essenz und Seele der Moral. Das Elixier der Unsterblichkeit beschrieb er mir als Allegorie, die mit ihren Zutaten, Sinnbildern von Talenten und Tugenden, nur eines zeigte — daß Beharrlichkeit, Fleiß, guter Wille und Gottes Hilfe die einzigen Mittel waren, sich einen guten Ruf zu erwerben.
Seine Kenntnisse über den Stein der Weisen waren noch eindrucksvoller. Er erwähnte die Schriften der Rosenkreuzer, deren Geheimnisse in künstliche Symbole gekleidet waren, und wollte damit beweisen, daß die gelehrten Männer dieser Sekte nicht die Toren waren, als die sie von weniger klugen Köpfen in späterer Zeit hingestellt wurden. Selbstverleugnung, Geduld, Bescheidenheit, Gottvertrauen, Wertschätzung der Zeit, wie es die alten Alchemisten empfahlen, waren seiner Meinung nach nur Elemente des Verhaltens der Jugend, die nach Ruhm und Ehre strebte; und bei den verschiedenen Stadien, die in den alchemistischen Schriften als Herstellungsstadien des Steins der Weisen beschrieben waren, handelte es sich nach seiner Aussage nur um verschlüsselte Erklärungen der Wirkung von wohlangewandter menschlicher Tugend und Fleiß.
Ich war verblüfft, auf welch einfache Formeln er alle Dinge brachte, und auf welche Vielfalt von Themen sein klarer Geist ein erhellendes Licht warf. All die Halbwissenschaften, Physiognomie, Handleserei und so weiter, sogar Zauberei und Hexerei, gewannen durch seine Interpretation philosophische Ernsthaftigkeit.
Wir verbrachten den Jahrestag mit Diskussionen über diese

Themen. Er erweiterte den Horizont meines Verständnisses, reicherte mein Wissen an und vergrößerte den Respekt, den ich vor ihm empfand.
Er war auch ein fähiger Musiker, in der abgelegensten Tiefe dieser Kunst, wenn ich mich einmal so ausdrücken darf. Sein Spiel am Pianoforte war schlicht, schwer und scheinbar von ungeübter Hand, doch sein Ausdruck war über alle Maßen exquisit und feierlich; seine Musik war ernst, andächtig und pathetisch und bestand aus den einfachsten Harmonieverbindungen, doch sie war wunderbar; jede Note war Teil eines Bittgebets, jede Melodie die Stimme einer Leidenschaft oder eines Gefühls.
Wir hatten den Tag in der Natur zugebracht, wo er seine astrologischen Ansichten unter Hinweis auf Pflanzen und Blätter und Blumen und andere Attribute der Jahreszeit erläuterte, und zwar mit solch wunderbarer Klarheit, daß ich den Gehalt seiner Äußerungen nicht so schnell werde vergessen können. Am Abend erfreute er mich mit seiner herrlichen Musik, und als die Nacht hereinbrach, war ich fast überzeugt, daß er zu jenen außergewöhnlichen Männern gehörte, die angeblich manchmal mit Geistern in Verbindung stehen und Gewalt über Dämonen erringen können.
Als wir uns eben an unser bescheidenes Abendessen setzten, im wörtlichen oder im philosophischen Sinne, als sei es für Zeno selbst aufgetischt worden, besuchte mich Dick, der Sohn des alten Fährmanns, der inzwischen seit einigen Jahren tot war, und wollte unter vier Augen mit mir sprechen. Natürlich entsprach ich seinem Wunsch, als er mir sagte, daß er vorhin einen Offizier aus fernem Lande über den Fluß gebracht habe, einen Gentleman, dem es gesundheitlich schlecht ginge und den er im Fährhaus nicht beherbergen könnte.
»Die Schänke«, sagte Dick, »ist zu weit, der Mann lahmt und hat eine offene Wunde am Schenkel. Ich habe ihn deshalb hierhergebracht und bin sicher, Sie werden ihm gern ein Bett für die Nacht anbieten. Sein Diener sagt mir, er habe im indischen Maisur als mutigster Offizier gegolten.«
Es war unmöglich, sich dieser Bitte zu widersetzen. Ich ging zur Tür, wo der Gentleman wartete, und sagte ihm aus ehrlichem Herzen, wie sehr ich mich freuen würde, ihm mit meinem Haus zu Diensten zu sein.
Ich führte ihn in das Zimmer, in dem mein deutscher Freund saß. Ich freute mich sehr über sein ruhiges und wie selbst-

verständliches Verhalten.
Er war ein gutaussehender Mann mittleren Alters – er sah robust und gut trainiert aus. Seine Züge mußten einmal hübsch gewesen sein, wirkten jetzt jedoch durch eine Narbe entstellt, die die Symmetrie seines Gesichts erheblich störte. Seine Konversation wies nicht auf eine bemerkenswerte Intelligenz hin, doch nach den intellektuellen Freuden, die ich den ganzen Tag über mit meinem philosophischen Begleiter genossen hatte, war sie angenehm und eines Gentlemans würdig.
Während des Essens hatte ich mehrmals das Gefühl, den Mann irgendwie schon einmal gesehen zu haben, vermochte mich jedoch nicht an Zeit oder Ort zu erinnern. Dann fiel mir auf, daß er mich mehr als einmal musterte, als forsche er tief in seinem Inneren. Schließlich bemerkte ich, wie Tränen seine Augen trübten, was mir verriet, daß er sich nun an mich erinnerte. Ich hielt es jedoch für meine Pflicht als Gastgeber, ihn nicht mehr über ihn selbst zu befragen, als er preiszugeben gewillt war.
Wie mir auffiel, hatte mein deutscher Freund uns beide beobachtet, schien jedoch plötzlich jedes Interesse verloren zu haben und sich seinen Gedanken hinzugeben, während es die Höflichkeit gebot, daß ich meinen Gast zu unterhalten suchte. Dies führte zu Fragen über seinen Stationierungsort, und er berichtete, daß er viele Jahre lang in Indien gewesen war.
»Heute vor acht Jahren«, sagte er, »nahm ich an der Schlacht von Borupknow teil, wo ich die Wunde erhielt, die mein Gesicht entstellt.«
In diesem Augenblick sah ich zufällig meinen deutschen Freund an – und der Blick, den er mir zuwarf, ließ mich von Kopf bis Fuß erschauern, ich mußte unwillkürlich an Nocton, den Rekruten, und Mary Blake denken, während mein Freund das Tischgespräch etwas planlos, wie es einem Fremden erscheinen mußte, fortsetzte; mir jedoch kamen seine Fragen sehr orakelhaft vor. Er unterhielt sich über alle möglichen Dinge mit dem Fremden, doch stets brachte er dabei die Sprache auf die Schicksalsumstände des Mannes an den Jahrestagen jenes Ereignisses – wobei er als Grund für seine seltsamen Bemerkungen angab, die meisten Menschen achteten doch auf Jahrestage, nachdem Zeit und Erfahrung sie gelehrt hätten, daß es hinsichtlich Zeiten, Orten und Individuen seltsame Zufälle geben konnte – Dinge, die für sich zu der großen De-

monstration gehörten, wie klug und geschickt doch nicht nur die leblose, sondern auch die sterbliche Welt angelegt war, und die damit anzeigten, daß alles irgendwie in Zusammenhang stand.

»Ich bin seit langer Zeit«, sagte er zu dem Fremden, »ein Beobachter und Ergründer solcher Dinge. Ich habe mein Notizbuch hier; ich werde es aus meinem Schlafzimmer holen, und wir wollen sehen, inwieweit dieses Buch Ihr Schicksal betrifft und mit den Ereignissen Ihres Lebens an diesem Jahrestag übereinstimmt.«

Ich sah, daß der Fremde bei diesem Vorschlag erbleichte und, obwohl er offensichtlich beunruhigt war, mit gewollter Leichtigkeit antwortete, er werde sich das morgen früh ansehen. Aber der Philosoph war zu sehr auf sein Vorhaben erpicht, um ihm nachzugeben. Ich weiß nicht, was mich in diesem Augenblick überkam, denn ich drängte ihn auch, das Buch zu holen. Das verstörte den Fremden noch mehr, und seine sichtliche Bewegtheit war mein Motiv, entschieden auf dem Vorzeigen des Buches zu bestehen; ich spürte schon wieder das seltsame Entsetzen, das ich so oft durchgemacht hatte. Und ein unwiderstehlicher Impuls zwang mich, eine Klärung der Umstände zu suchen, die meiner Seele so viele Jahre hindurch eine Bürde auferlegt hatten.

Als der Fremde sah, wie entschlossen wir beide waren, nahm er davon Abstand, die seltsame Enthüllung hinauszuschieben; doch es war unschwer zu erkennen, daß ihm gar nicht wohl dabei war. Ja, als mein Freund aufstand, sein Buch zu holen, bat er erneut, sich zurückziehen zu dürfen, fügte sich aber schließlich wegen meiner scherzhaften Bemerkung, er könne aus dem, was ihm hier über die Vergangenheit gesagt werde, erfahren, was das Glück ihm künftig bringen werde.

Mein Freund kehrte bald mit dem Buch zurück. Es war ein bemerkenswerter Band, in Pergament gebunden, von drei Metallklammern gehalten, mit einem seltsam gebauten Schloß gesichert. Der Gesamteindruck war fremd, ehrwürdig und unwirklich. An den Ecken war der Einband mit Messingnägeln abgesetzt, und in der Mitte befand sich ein Spiegel, um den sich in teutonischen Lettern Worte zogen, die etwa bedeuten: »ICH ZEIGE DIR DEINE WAHRHEIT.« Ehe er das Schloß öffnete, reichte mein Freund das Buch dem Fremden und erklärte einige der Symbole, die das Titelblatt zierten, besonders die Worte des Mottos rings um den kleinen Spiegel.

Ob nun mit Absicht oder weil die Symbole dies unumgänglich machten – jedenfalls waren die Erläuterungen meines Freundes mystisch und unverständlich; ich bemerkte, wie stark sie auf den Fremden wirkten. Er konnte offenbar nur mit Mühe die Beherrschung bewahren. Alle Farbe wich aus seinen Zügen; er wirkte bleich und ausgezehrt, und seine Hand zitterte heftig, als er dem Philosophen das Buch zurückgab. Der bemerkte dabei:

»In diesem Buch stehen Dinge, die nicht jedem Auge enthüllt werden dürfen; und doch würden sie allen, die nicht erfahren dürfen, auf was sie sich beziehen, als triviale Eintragungen vorkommen.«

Dann steckte er den Schlüssel in das Schloß und öffnete den Band. Mein fremder Gast begann hörbar zu atmen. Der Deutsche blätterte vorsichtig und mit forschendem Blick die Pergamentblätter um. Endlich fand er die Eintragung und Beschreibung meiner letzten Vision, die er laut vorlas. Der Text war nicht nur in den groben Umrissen präzise, in denen ich Nocton gesehen hatte, sondern enthielt auch Einzelheiten über viele Dinge, über das Stilleben des Bildes, die ich längst vergessen hatte – unter anderem auch eine bildhafte Beschreibung des alten Generals, den ich an Noctons Lagerstatt hatte stehen sehen.

»Bei allem, das mir heilig ist!« rief der Fremde. »Das ist ja der alte Cripplington – sein Haarzopf war immer schief, wie Sie sagen, weil er ständig daran herumzerrte, wenn er verwirrt war – woher haben Sie nur die Beschreibung dieser Szene?«

Ich war wie gelähmt; ich saß da, reglos wie eine Statue, ein Schauer von Furcht durchlief meinen ganzen Körper.

Mein Freund schaute wieder in das Buch und fand die Beschreibung meiner sechsten Vision. Darin waren die Einzelheiten der Schlachtkrise enthalten, bei der Nocton – so wie der Fremde es uns geschildert hatte – seine Gesichtswunde erhalten hatte. Diese Vision beeindruckte ihn weniger als die andere, doch die Wirkung war noch immer erheblich.

Die Verlesung der fünften Vision rief eine sichtbare Unruhe hervor. Die Beschreibung war besonders detailliert – die Erscheinung Noctons mit dem Schwert in der Hand auf dem Wall – die Heftigkeit des Angriffs und der herrliche Hintergrund aus Kuppeln und Pagoden waren so farbenfroh in Worte gekleidet, daß ein Maler es nicht deutlicher hätte schildern können. Der Fremde schien seine Angst zu vergessen und

freute sich an den Erinnerungen, die die Beschreibung heraufbeschwor.
Aber als der Bericht über die vierte Vision verlesen wurde, worin Nocton in der Uniform eines Adjutanten an einem reich gedeckten Tisch saß, rief er wie ohne eigenen Willen aus:
»Das war der Abend, an dem ich zum erstenmal die Ehre hatte, mit dem deutschen General zu dinieren.«
Der unerbittliche Philosoph fuhr fort und las vor, was ich ihm von Nocton erzählt hatte, wie er bleich und verwundet auf einem Bett lag, mit den neuen Epauletten auf der Decke, die aussahen, als seien sie eben aus dem Papier gewickelt worden. Der Fremde fuhr aus seinem Sitz hoch und rief mit hohler, angsterfüllter Stimme:
»Das ist ja das Buch meines Lebens!«
Der Deutsche wandte sich der zweiten Vision zu, die er langsam und mit anklagender Stimme vorlas, besonders die Beschreibung meiner Gefühle, als ich Mary Blake als Skelett erblickt hatte. Der Fremde, der sich von seinem Stuhl erhoben hatte und vor Entsetzen keuchte, stieß ein schrilles Heulen aus.
»In der Nacht, als ich in meinem Zelt saß, dachte ich, ihr Geist erschiene mir und mache mir Vorwürfe!«
Ich brachte kein Wort heraus, doch mein deutscher Freund stand, das Buch umklammernd, auf und berührte ihn mit der rechten Hand und sagte mit strengem Blick:
»In diesem Buch und in Ihrem Gewissen liegt der Beweis dafür, daß Sie Ralph Nocton sind und daß Sie heute vor zweimal sieben Jahren Mary Blake ermordet haben!«
Der arme Fremde verlor die Beherrschung und rief bestürzt:
»Es stimmt, die Flut tobte, Regen und Hagel prasselten herab, ihr Schimpfen machte mich rasend; da stieß ich sie aus dem Boot; ein Blitz zuckte, und der Donner ... Oh! Das alles war nicht so schrecklich wie ihr letzter Schrei vor dem Ertrinken.«
Noch ehe jemand auf dieses Geständnis antworten konnte, begann er zu taumeln und sank fast im gleichen Augenblick tot zu Boden.

Der Kobold und die Lady

JAMES HOGG

Als die Sprots Gutsherren von Wheelhope waren, was schon lange zurückliegt, gab es dort einmal eine Lady, die überall einen schlechten Ruf genoß. Es wurde nicht nur gemunkelt, daß Lady Wheelhope (jede Landsherrenfrau wurde damals Lady genannt) eine Hexe war, sondern man scheute sich sogar, ihren Namen auszusprechen; und wenn sie zufällig doch einmal erwähnt wurde, schüttelten die Greise den Kopf und sagten: »Ach, laßt uns doch mit der zufrieden! Je weniger man sich mit ihr abgibt, desto besser!« Alte Frauen unterbrachen dann ihre Arbeit am Spinnrad, stocherten mit der Zange im Feuer herum und spitzten die Ohren, um vielleicht etwas über sie zu erfahren; und nach vielsagendem Husten, Seufzen und Räuspern brummten sie dann etwa: »Also wirklich, Sirs! Wie wahr, wie wahr!« oder etwas ähnlich Kluges und Maßgebendes.

Kurz, Lady Wheelhope wurde für eine böse Frau gehalten. In ihrer Familie war sie eine unerbittliche Tyrannin; sie stritt mit ihren Bediensteten, verfluchte sie oft, schlug sie, scheuchte sie auch vom Gut, besonders wenn sie religiös waren, denn sie konnte Menschen dieses Charakters nicht ertragen und unterstellte ihnen alles Schlimme. Sobald sie merkte, daß ein Diener des Gutsherrn religiös war, schickte sie ihn zum Militär und ließ ihn erschießen; und mehrere Mädchen, die regelmäßig ihre Andacht hielten, soll sie sogar mit Gift beseitigt haben. Jedenfalls war sie eine böse Frau; sonst hätten sich auch viele gute Leute in ihrem Charakter täuschen müssen; und die armen verfolgten Covenanter mußten sich in ihren Gebeten gegen sie vereinigen.

Was den Gutsherrn anging, so war er ein großer, graugesichtiger, aufgeplusterter Mann, dem weder Gut noch Böse am Herzen lag und der das eine nicht vom anderen unterscheiden konnte. Er belachte die Streiche und Anfälle seiner Lady, und je mehr sie sich aufregte, um so amüsanter fand er das. Eines Tages, als zwei junge Dienerinnen aufgeregt zu ihm kamen und berichteten, die Lady habe eine ihrer Gefährtinnen nieder-

geschlagen, lachte der Gutsherr nur laut und sagte, er bezweifelte das nicht.
»Wie könnt Ihr lachen, Herr?« fragten sie. »Das arme Mädchen ist tot.«
»Schon möglich«, sagte der Herr. »Na, da wird sie künftig besser aufpassen, wen sie erzürnt!«
»Und Eure Lady, Sir, wird gehängt!«
»Möglich; na, und das wird sie lehren, nicht wieder so vorschnell zuzuschlagen – ha, ha, ha! Nicht wahr, Jessy?«
Doch als eines Morgens eben diese Jessy plötzlich starb, war der Gutsherr sehr bestürzt und schien zu ahnen, daß da etwas nicht stimmte. Sie war zweifellos vergiftet worden; doch ob die Lady aus Eifersucht gehandelt hatte oder nicht, blieb unentdeckt; der arme Gutsherr jedenfalls war sehr betroffen, seine schwachen Nerven versagten, und sein ganzes Wesen erstarrte. Er schien damit genau in den Seelenzustand zu verfallen, wie ich ihn bei einem Collie erlebte, den ich einmal besaß. Das Tier mochte die Flinte sehr gern, solange ich damit nicht tötete (damals gab es im Ettrickwald keine Jagdvorschriften), und er hechelte gewaltig hinter den Hasen her, wenn ich sie verfehlte. Doch dann kam der Tag, da ich wundersamerweise ein Tier erschoß, wenige Schritte vor seiner Nase. Ich werde nie vergessen, wie verblüfft das arme Tier war. Es starrte eine Weile auf die Waffe, dann ebensolange auf den toten Hasen und schien zu dem Schluß zu kommen, daß keine Kreatur seines Lebens mehr sicher war, wenn die Dinge so stünden. Schließlich kniff er den Schwanz ein und rannte nach Hause; er konnte den Anblick einer Flinte seitdem nicht mehr ertragen.
Und genauso war es mit Gutsherr Sprot von Wheelhope. Solange der Zorn seiner Lady nur Lärm und Aufruhr bei den Bediensteten auslöste, hielt er das Ganze für eine Art Sport, doch als er die schrecklichen Folgen ihres Tuns erkennen mußte, war er plötzlich wie eine defekte Drehorgel und vermochte nur noch einen Ton von sich zu geben: »Ich wünschte, sie hätte nichts genommen, das zu stark für sie war.« Und diesen Spruch wiederholte er früh und spät, Tag und Nacht, beim Schlafen und beim Wachen, allein und in Gesellschaft, vom Augenblick, da Jessy starb, bis zu ihrem Begräbnis, und als er als Erster Trauernder zum Friedhof ging, flüsterte er es unterwegs auch ihren Verwandten zu. Beim Grab nahm er am Kopfende Aufstellung und wollte diesen Platz nicht einmal

dem Vater des Mädchens überlassen; da stand er dann wie ein mächtiger Baumstamm, der weder sehen noch hören kann. Und als man sie ins Grab gesenkt hatte und die Schnur hatte fallen lassen, hob er langsam seinen Hut, fuhr sich mit dem Handrücken über die trüben Augen und sagte mit tiefer, zittriger Stimme: »Armes Mädchen! Ich wünschte, sie hätte nichts gegessen, dem sie erliegen mußte.«

Dieser Todesfall rief große Unruhe bei den einfachen Leuten hervor; doch Untertanen genossen in jenen Tagen wenig Schutz, und war ein Gutsherr oder seine Frau ein wahrer Anti-Covenanter, konnten sie viele Menschen beseitigen, ohne deswegen belangt zu werden. So ging also niemand der Ursache nach, die zum Tod der armen Jessy geführt hatte.

Danach hielt sich die Lady zwei oder drei Jahre lang zurück. Sie erkannte, daß sie sich verhaßt gemacht und die Gunst ihres Mannes völlig verloren hatte, was ihr noch weniger gefiel. Doch das Böse in ihr ließ sich nicht überwinden, und als ein armer Junge, den der Gutsherr aus Mitleid in Dienst genommen hatte, eines Morgens tot aufgefunden wurde, ließ sich das Landvolk nicht länger zurückhalten; die Leute gingen geschlossen zum Sheriff und bestanden auf einer Ermittlung. Dabei wurde festgestellt, daß die Lady den Jungen verabscheut und oft bedroht hatte und daß sie ihm am Nachmittag vor seinem Tode Grütze und Butter gegeben hatte; trotzdem wurde der Fall schließlich zu den Akten gelegt, und die Ankläger erhielten Geldstrafen.

Niemand vermag zu sagen, welche neuen Teufeleien ihre Schlechtigkeit ersonnen hätte, wäre ihr nicht auf sehr ungewöhnliche Weise Einhalt geboten worden. Zu den Dienern, die im nächsten Jahr nach Hause kamen, gehörte auch ein gewisser Merodach, ein wirklich seltsamer Bursche. Er hatte das Äußere eines Jünglings, doch seine Gesichtszüge hätten einem Hundertjährigen gehören können. Nur seine Augen hatten einen seltsamen Glanz und eine Unruhe, fast hatten sie Ähnlichkeit mit den Augen einer bekannten Affenspezies. Er war keck und launisch und kümmerte sich weder um Wohlgefallen noch Mißvergnügen anderer Leute; doch er tat seine Arbeit – offenbar ohne große Mühe. Vom Augenblick an, da er das Haus betrat, empfand die Lady heftige Antipathie gegen ihn und flehte den Gutsherrn an, den jungen Mann fortzujagen. Doch der Hausherr wollte sich darauf nicht einlassen; er pflegte keine Diener fortzujagen, außerdem hatte er diesen Burschen für sehr geringen Lohn eingestellt, er wollte nichts unternehmen und nichts mehr davon hören. Seine Weigerung hatte natürlich zur Folge, daß die Lady sich unverzüglich daran machte, Merodach das Leben so schwer wie möglich zu machen, damit der verhaßte Domestike möglichst bald kündige. Ihr Haß war keine gewöhnliche Antipathie, wie sie oft zwischen zwei Menschen entsteht — sie haßte ihn, wie man eine Kröte oder Natter haßt; und seine Tätigkeit als Hausmann (wie der Gutsherr seinen Diener für alle Gelegenheiten nannte) muß sie sehr geärgert haben, da er noch dazu immer in ihrer Nähe war.

Sie schimpfte ihn aus, sie tobte über ihn, doch er machte sich über ihren Zorn nur lustig und lachte sie mit höchst provozierender Geringschätzung aus. Sie versuchte es mehrmals, ihn zu schlagen, doch obwohl sie sich die größte Mühe gab, traf sie ihn nie; und jeden Schlag, den sie gegen ihn führte, mußte sie bald darauf bereuen. Sie war schwer und unbeweglich, er dagegen in seinen Bewegungen so flink wie ein Affe; außerdem schaffte er es gewöhnlich, sie in eine solche Wut zu bringen, daß sie ganz außer sich war, wenn sie schließlich auf ihn losging. Einmal wich er ihren Schlägen mit solcher Geschicklichkeit aus, daß sie den Oberknecht oder Vormann niederschlug; Merodach lachte so höhnisch darüber, daß sie den Schürhaken der Küche nach ihm warf, um ihm den Kopf zu zerschmettern; doch das Wurfgeschoß zerbrach nur das gesamte Küchengeschirr auf der Anrichte.

Daraufhin eilte sie vor Wut heulend zum Gutsherrn und erklärte, sie dulde den schrecklichen Merodach keinen Tag länger in ihrem Hause; er müsse die Familie sofort verlassen.

»Also bitte, schieb ihn ab, und lieg mir seinetwegen nicht länger in den Ohren«, sagte der Herr.

»Ihn abschieben!« schrie sie. »Ich habe ihm schon hundertmal befohlen zu gehen, damit ich sein schreckliches Gesicht nicht mehr sehen muß — aber er grinst nur und antwortet unverschämt.«

Die Hartnäckigkeit dieses Burschen amüsierte den Gutsherrn; seine trüben Augen hoben sich entzückt zum Himmel, dann schielte er in zwei Richtungen zugleich, drehte sich um und lachte, bis ihm die Tränen über die Wangen rannen, doch er brachte nur heraus: »Da bist du ja wohl aufgelaufen!«

Der Zorn der Lady steigerte sich angesichts dieses Spotts womöglich noch mehr, und sie schalt ihren Gatten, er trage den

Namen Mann zu unrecht, wenn er diese Pest nicht endlich vom Gut vertreibe, nachdem sie so beleidigt worden sei.
»Aber, Shusy, meine Liebe, was hat er dir denn getan?«
»Was er mir getan hat! Hat er mich nicht dazu gebracht, John Thomson niederzuschlagen? Und weiß ich, ob er je wieder zu sich kommt!«
»Du hast deinen Liebling John Thomson niedergeschlagen?« fragte der Gutherr und lachte noch lauter als zuvor. »Da hättest du Schlimmeres anrichten können.«
»Und hat er nicht jeden Teller und Krug auf der Küchenanrichte zerbrochen?« fuhr die Lady fort. »Und trotz all dieser Zerstörung macht er sich über meinen Unwillen nur lustig – er verspottet mich! – und wenn du ihn nicht verjagst und für seine Taten hängen oder erschießen läßt, nennst du dich zu unrecht einen Mann!«
»O je! Welche Katastrophe im Chinametall!« stöhnte der Gutsherr, ließ Merodach kommen und stellte ihn zur Rede: »Sag mir, böser Merodach aus Babylon, wie kannst du es wagen, den Lieblingsdiener der Lady, John Thomson, niederzuschlagen?«
»Ich doch nicht, Euer Ehren! Es war die Lady selbst, die sich über mich so erregte, daß sie ihr Ziel verfehlte und Mr. Thomsen niederschlug; dem guten Mann ist der Schädel zerschmettert.«
»Das ist seltsam«, sagte der Gutsherr. »Ich verstehe das nicht. Aber was hat dich dann veranlaßt, all das Delfter und chinesische Porzellan meiner Lady zu zerschlagen? Eine höchst schändliche und provozierende Tat.«
»Sie selbst hat das getan, Euer Ehren. Es täte mir im Herzen weh, auch nur ein Stück Geschirr des Hauses zu zerbrechen. Ich rufe alle Bedienstete des Gutes zu Zeugen an, daß die Lady das Geschirr mit einem Schürhaken zerschlagen hat; und jetzt will sie mir die Schuld zuschieben!«
Der Gutsherr richtete den trüben Blick auf seine Lady, die vor Zorn heulte und einen weiteren direkten Angriff auf den Bösewicht zu planen schien, was den aber nicht zu ängstigen, ja was er förmlich herauszufordern schien. Sie machte sich in verzweifelten und fürchterlichen Rachedrohungen Luft, wobei ihr das elende Geschöpf immer wieder versicherte, daß sie darin scheitern und bei allen Begegnungen und Kraftproben unweigerlich den kürzeren ziehen würde; er sei entschlossen, seine Pflicht zu tun. So trotzte er ihr vor

dem Herrn.
Der Gutsherr machte sich im stillen seine Gedanken; er bezweifelte nicht, daß seine Frau eine Möglichkeit finden würde, sich am Objekt ihres Unwillens zu rächen; und er erschauderte bei der Erinnerung an ein Mädchen, das etwas gegessen hatte, »dem sie unterlegen war«.
Kurz, die eingefleischte Feindseligkeit der Lady von Wheelhope gegenüber diesem Mann war wie der Stab des Moses, der die übrigen Schlangen verschluckte. All ihre bösen Eigenschaften schienen davon überlagert zu werden.
Die übrige Familie führte nun ein ziemlich friedliches Leben, denn von früh bis spät entlud sich all ihre Bösartigkeit nur gegenüber dem Hausmann, niemandem sonst. Sie lebte wie in einem Wahn aus Haß und Rachegelüsten. Sie konnte dieses Wesen nicht in Ruhe lassen, sie mochte seine Gegenwart nicht mehr missen; die Zeit, die sie nicht bei ihm war, verbrachte sie mit Flüchen und Verwünschungen; und da sie darin keine Beruhigung fand, lief sie bald los, ihn zu suchen. In ihren Augen schimmerte dann die Vorfreude ihrer Rache, die doch nur damit endete, daß Lächerlichkeit und Schaden immer wieder auf ihrer Seite landeten.
War es nicht seltsam, daß sie diese einzige Qual ihres Lebens nicht loswurde? Man hätte doch annehmen müssen, daß ihr das leichtfallen müßte. Aber inzwischen lag ihr eigentlich nichts ferner; sie wollte ihre Rache – eine vollkommene, angemessene, köstliche Rache an dem unverschämten Gegner. Doch er war ein seltsames und schreckliches Wesen, das, wie sich herausstellte, immer eine Möglichkeit zum Zurückschlagen fand.
Brot und süße Milch waren das einzige Gericht, das Merodach liebte, und nachdem ihm die Lady einmal seine gewohnte Ration einige Tage vorenthalten hatte, stellte sie ihm am Sabbathmorgen eine Schale voll süßer Milch hin, mit einem tödlichen Gift wohl versetzt. Dann legte sie sich in einer kleinen Kammer nebenan auf die Lauer, um den Erfolg ihres großen Plans zu beobachten und zu verhindern, daß jemand anderes von dem Getränk naschte. Merodach trat ein, und das Hausmädchen sagte zu ihm: »Da ist dein Frühstück, Kreatur!«
»Oho! Meine Lady ist großzügig heute morgen«, sagte er, »doch ich bin ihr voraus. Hier, kleine Missie, du scheinst heute sehr hungrig zu sein – nimm du mein Frühstück.« Und

mit diesen Worten stellte er dem kleinen Lieblingsspaniel der Lady das Getränk hin. Wie der Zufall spielte, trat in diesem Augenblick der einzige Sohn der Lady in den Vorraum und neckte seine Mutter mit irgend etwas, was ihre Aufmerksamkeit einen Augenblick vom Flurtisch ablenkte. Als sie wieder hinschaute und Missie von der süßen Milch trinken sah, raste sie wie eine Furie aus ihrem Versteck und kreischte, als stünde ihre Frisur in Brand. Sie trat die Schale gegen die Wand, hob Missie an ihre Brust und zog sich weinend in ihre Gemächer zurück.

»Ha, ha, ha – jetzt hab ich dich!« rief Merodach, als sie aus der Halle verschwand.

Die arme Missie starb sofort – und ihr Tod wurde sehr geheimgehalten. Ja, sie wäre unbemerkt gestorben und begraben worden, hätte nicht Merodach, begünstigt durch das Glück, das stets auf seiner Seite war, zufällig über die Mauer des Blumengartens geschaut, als die Lady ihren kleinen Liebling in ein selbstgeschaufeltes Grab legte. Ohne ihren Peiniger zu sehen, setzte sie ihre Arbeit fort und sagte zu dem starren, kleinen Körper: »Ach, du arme kleine Kreatur, du hast wirklich Pech gehabt und von dem bitteren Gebräu getrunken, das nicht für dich bestimmt war; doch um deinetwillen wird er dreimal so viel trinken!«

»Ist das die kleine Missie?« fragte die unheimliche Stimme des Hausmanns dicht neben der Lady. Sie stieß einen lauten Schrei aus und sank auf eine Bank. »Arme kleine Missie!« fuhr das Wesen in spöttischem Ton fort. »Mein Herz weint um Missie! Was ist ihr widerfahren – wessen Frühstücksschale hat sie geleert?«

»Fort mit dir, Unhold!« rief die Lady. »Welches Recht hast du, deine Herrin hier zu stören? Wart nur, du kommst auch noch an die Reihe – oder ich will keine Frau mehr sein!«

»Das seid Ihr schon nicht mehr«, sagte das Wesen und grinste vor Freude. »Jetzt habe ich Euch, jetzt habe ich Euch. Und wollte ich nicht meine Überlegenheit über Euch beweisen, was ich ohnehin jede Stunde tue, würde ich Euch bald wie eine tollwütige Katze angebunden sehen. Was werdet Ihr als nächstes versuchen?«

»Ich werde dir den Hals durchschneiden, und wenn ich drum sterben müßte! Freuen werde ich mich an der Tat – eine Wohltat für alle, die auf dem Angesicht der Erde leben.«

»Ich habe Euch schon einmal gewarnt, gnädige Frau, und

warne Euch nochmals, daß alle Bosheit, die Ihr gegen mich ausheckt, doppelt auf Euch zurückfällt.«

»Ich will von deiner Warnung nichts wissen. Unhold. Fort mit deinem unheimlichen Gesicht, und sieh dich vor!«

Es wäre zu widerlich und entsetzlich, all die Zwischenfälle zu berichten oder zu lesen, die sich zwischen diesem seltsamen Paar ereigneten. Ihre Feindschaft kannte kein Ende und keine Grenzen. Es verging kaum ein Tag, an dem die mit teuflischer Raffiniertheit ausgetüftelten Anschläge der Lady nicht fehlschlugen oder für ein Lieblingsobjekt ihres Lebens fatal endeten. Es gab kaum noch ein Ding — Lebewesen oder Gegenstand — das ihr am Herzen lag und das nicht vernichtet worden war — und doch vermochte sie sich kaum noch eine Stunde oder Minute von ihrem Peiniger fernzuhalten; und das offenbar mit der einzigen Absicht, ihn zu quälen. Während das übrige Gut von der zänkischen Dame in Ruhe gelassen wurde, wuchs sich der Kampf des schrecklichen Paars immer mehr aus. Die Lady verfolgte den Bediensteten, wie etwa der Rabe den Adler in ständigem Kampf belästigt, obwohl der Rabe weiß, daß er bei den Begegnungen unweigerlich den kürzeren zieht. Nachts klangen Geräusche auf der Treppe, und die Dienerschaft flüsterte, die Lady habe in fürchterlicher Absicht Merodachs Kammer aufgesucht. Mehrere hätten geschworen, sie nach Mitternacht, als alles ruhig war, mehrmals auf der Treppe gesehen zu haben; doch man wußte auch, daß Merodach bei fest verschlossener Türe schlief und einem Gefährten ein zweites Bett in seinem Zimmer gegeben hatte — und dieses Bett stand an der Tür. Im Grunde war allen gleichgültig, was aus dem Hausmann wurde, denn er war eine ungesellige und unangenehme Person; doch jemand sagte ihm, was man beobachtet hatte, und deutete einen Verdacht über die Absichten der Lady an. Doch das Geschöpf biß sich nur auf die Oberlippe und sagte: »Sie sollte mich lieber in Ruhe lassen; sie wird die erste sein, die's bereuen muß.«

Nicht lange danach wurde zum Entsetzen der Familie und der ganzen Gegend der einzige Sohn des Gutsherrn eines Morgens ermordet im Bett gefunden — unter Umständen, die auf die unmenschlichste Grausamkeit des Mörders hindeuteten. Kaum wurde die fürchterliche Tat bekannt, da fiel die Lady zuckend zu Boden und verlor den Verstand; hätte sie ihn nur nie zurückgewonnen, denn sie hatte Blut an den Händen, das sie nicht zu verbergen trachtete, und es gab kaum Zweifel, daß

es das Blut ihres unschuldigen und geliebten Sohnes war, des einzigen Erben, der Hoffnung der ganzen Familie.
Dieser Schlag raubte dem Gutsherrn jede Lebenskraft; doch die Lady hatte noch einen Bruder, einen Mann des Gesetzes, der auf das Gut kam und sofort eine Untersuchung des unerklärlichen Mordes begann. Ehe der Sheriff eintraf, nahm die Hausdame den Bruder der Lady auf die Seite und sagte ihm, er solle seine Ermittlungen lieber einstellen, denn sie sei sicher, das Verbrechen würde ihrer armen Herrin angelastet; und nachdem er mehrere Hinweise ausgeforscht und den Zustand der Tobenden begutachtet hatte – mit dem Blut an Hand und Arm –, stellte er seine Untersuchung schnell ein und erklärte die Dienerschaft für schuldlos an der Tat.
Der Gutsherr nahm an dem Begräbnis seines Sohnes teil und ließ ihn mit ins Grab hinab, doch er wirkte wie ein Traumwandler, wie ein Automat ohne Gefühle oder Empfindungen; er starrte oft auf die Begräbnisprozession, als verstünde er das alles nicht. Und als die Totenglocke der Gemeindekirche zu läuten begann, als sich die Leiche dem Kirchhof näherte, schaute er mit trübem Blick zum Glockenturm empor und fragte hastig: »Was, was ist das? Ach, aie, wir kommen gerade noch zurecht, gerade noch!« Und mehr als einmal hörte man ihn den Namen »Böser Merodach, König von Babylon« vor sich hin murmeln. Er schien der unsinnigen Ansicht zu sein, der sonderbare Hausmann habe irgendwie mit dem Tod seines einzigen Sohnes und auch mit anderen Untaten zu tun, obwohl die Beweise für Merodachs Unschuld wie üblich sehr überzeugend waren.
Der schreckliche Irrtum von Lady Wheelhope läßt sich nur erklären, wenn man sie sich in einem Zustand der Geistesverwirrung vorstellt oder in einem bösen Wahn, über den sie keine Kontrolle hatte; und für eine Person in solchem Zustand war das Versehen gar nicht so unlogisch. Das Landhaus der Wheelhopes war alt und unregelmäßig gebaut. Die Treppe hatte vier scharfe Wendungen und vier Treppenabsätze, die sich sehr ähnelten. In der obersten Kammer schliefen die beiden Diener – Merodach im Bett am Fenster –, und in der Kammer darunter, die der seinen sehr ähnlich sah, schliefen der junge Gutsherr und sein Hauslehrer, der Junge im Bett am Fenster, und so hatte die Lady sich im Sturm ihrer Leidenschaften durch eigene Hand kinderlos gemacht.
Merodach wurde daraufhin vom Gut verstoßen, weigerte sich

jedoch, den Lohn zu akzeptieren, den der Mann des Gesetzes ihm aus Angst vor weiterem Unglück aufdrängen wollte. Vielmehr zog er grimmig und verdrossen von dannen, und niemand wußte, wohin.

Als man der Lady, die Tag und Nacht in ihrer Kammer bewacht wurde, seine Entlassung mitteilte, hatte die Nachricht eine solche Wirkung auf sie, als sei ein Blitz durch ihren Körper gefahren; die Schreckensbilder ihrer Reue verschwanden, und eine andere Leidenschaft, die ich weder begreife noch beschreiben kann, ergriff von ihrem zerrütteten Geist Besitz. »Er *darf* nicht gehen! Er wird nicht gehen!« rief sie. »Nein, nein, nein — er darf nicht — darf nicht, er darf nicht!« Und dann traf sie sofort alle Vorbereitungen, ihm zu folgen, wobei sie unentwegt die diabolischsten Wendungen gebrauchte, die auf ihre Rachegelüste hindeuteten. »Oh, könnte ich ihm nur die Nerven einzeln zerreißen und ihm seine Gedärme zerquetschen! Könnte ich ihm nur das Herz in kleine Scheiben schneiden und sein Blut gerinnen und schäumen und in purpurnen Strahlen davonwirbeln sehen — und wie er dann grinst und grinst und grinst und grinst! Oh — oh — oh — Was für ein herrlicher Anblick es wäre, ihn grinsen zu sehen — und immer nur grinsen!« Und in solchem Stil redete sie stundenlang.

Nur ein Gedanke beherrschte sie, nur ein Thema kannte ihre Zunge — den entlassenen Hausmann, den die meisten Leute nun als unheimliches Wesen anzusehen begannen. Sie hatten ihn wie andere Menschen essen und trinken und arbeiten sehen; doch er hatte etwas an sich, das ihn von den meisten unterschied. Er war äußerlich ein Jüngling, doch seine Züge wiesen ihn als Greis aus. Einige hielten ihn für einen Bastard, für eine Mischung zwischen Jude und Affe; einige bezeichneten ihn als Zauberer oder Wassergeist oder als Elf — doch die meisten behaupteten, er sei wirklich und wahrlich ein Kobold. Was er wirklich war, weiß ich nicht und will mich auch nicht dazu äußern; doch wie dem auch sein mag, Lady Wheelhope vermochte kurz darauf trotz Schlössern und Schlüsseln und nächtlicher Wachen zu fliehen und ihm zu folgen. Die Wächter schworen Stein und Bein, sie sei von einer unsichtbaren Hand entführt worden, denn es sei unmöglich, sagten sie, daß sie wie andere Menschen zu Fuß hätte fliehen können. Diese Version der Geschichte verbreitete sich im Lande. Vernünftige Leute jedoch sahen die Geschichte etwas anders.

Als zum Beispiel Wattie Blythe, der alte Schäfer des Gutsherrn, eines Morgens von den Hügeln zurückkam, fiel seine Frau Bessie über ihn her: »Er möge uns beistehen, Wattie Blythe! Hast du gehört, was im Haus passiert ist? Dort geht es ja immer schlimmer zu, und es sieht so aus, als hätte die Vorsehung das Haus unseres Gutsherrn verflucht! Das große Gut ist die Sprots vielleicht bald los, denn es hat sie fertiggemacht!«

»Na, na, Bessie, nicht das Gut hat die Sprots fertig gemacht, sondern umgekehrt – die Sprots haben das Gut fertig gemacht – und sich dazu. Ein degenerierter Haufen sind sie gewesen – und je länger, desto schlimmer, bis sie das Äußerste an menschlicher Schlechtigkeit erreicht haben. Es wird Zeit, daß sich der Teufel um seine Brut kümmert.«

»Ah, Wattie Blythe, du hast nie wahrer gesprochen! Und genau da endet deine Geschichte, und meine beginnt, denn haben nicht der Teufel oder die Feen oder die Kobolde unsere Lady persönlich entführt, und das halbe Gut rennt und reitet herum, um sie zu suchen, und zwanzighundert Mark sind dem ersten geboten, der sie findet und sicher zurückbringt. Sie haben sie mit Haut und Haaren, mit Körper und Seele fortgebracht, Wattie!«

»Ach, wie schrecklich! Und wo mag sie wohl sein, Bessie?«

»Oh, man vermutet etwas aus dem, was sie selbst gesagt hat. Man glaubt, sie ist hinter der Teufelskreatur hergetragen worden, die das Unglück über das Haus gebracht hat. Auch nach ihm wird gesucht, denn man weiß wohl, wo der eine ist, da kriegen sie auch die andere!«

»Pü! Wenn das so ist, Bessie? Na, an der schlimmen Geschichte ist nicht mehr oder weniger dran, als daß die Lady mit einem nichtsnutzigen Hausmann durchgebrannt ist, wie es so schön heißt. Meine Güte! Das nenn ich menschliche Schwäche! Aber so ist es eben! Wenn erst mal der Teufel den kleinen Finger hat, nimmt er schnell die ganze Hand. Aie, und er braucht nur ein einziges Haar, um einen Zügel draus zu machen. Ich hab sie schon als hübsches Mädchen gesehen, aber damals schon hatte ich Angst, sie würde ein schlimmes Ende nehmen, denn sie hat sich über die Religion lustig gemacht, und das ist kein gutes Zeichen bei einem jungen Menschen. Und sie hat sich ihre Diener zu Feinden gemacht, und glaubst du, die Gebete all dieser guten jungen Männer verhallen im Wind und bleiben unerhört? Ja, ja, Bessie, Frau, nimm dir das zu Herzen für unsere Kinder und andere Leute. Wenn ich Jungvolk sehe, das den Sabbath mißachtet und sich über die Bräuche der Religion lustig macht, kann nie was Gutes draus werden. Eine hübsche Sache hat unsere Lady aus ihrem Spott über die Religion und das arme verfolgte Hügelvolk gemacht – jetzt ist sie tief gesunken in den Pfuhl der Sünde und des Elends! Läuft einem Nichtsnutz nach!«

»Also, Wattie, wie kannst du das sagen! War doch überall bekannt, daß sie ihn wie nichts auf der Welt gehaßt hat und ihn mehr als einmal hat umbringen wollen.«

»Aha, Bessie; aber Streit und Neckerei ist die Liebe des Schottenvolkes, und natürlich ist es richtig, daß wir uns noch keine Meinung bilden sollten, aber mich wird keiner überzeugen, wenn sie bei dem Burschen gefunden wird, daß sie nicht ganz natürlich hinter ihm her ist, auf ihren zwei Beinen, ohne Hilfe von Feen oder Kobolden.«

»Das werde ich nie von einer Frau glauben – und schon gar nicht von einer Lady, die ja nicht mehr so jung ist!«

»Gott steh dir bei, Bessie! Du weißt ja nicht, was eine verkommene Natur vermag! Mag man noch so gefestigt sein, allein gelassen sind wir nicht besser als verirrte Schafe, die den Weg zur Weide nicht wiederfinden; und von allen Dingen aus sterblichem Fleisch ist eine böse Frau das Schlimmste.«

»Ach, sei's geklagt! Das haben wir nicht verdient! Trotzdem, Wattie, halt die Augen offen in den Tälern und Höhlen unseres Gebiets, denn die Lady kennt sich gut dort aus, und wenn die zwanzighundert Mark unseres Weges kommen, gäb's schlechtere Abnehmer dafür. Käm' uns für unsere Mädchen gerade recht.«

»Aie, ich sag dir was, Bessie, das ist keine schlechte Idee. Und wo ich grad' nachdenke, da hab ich doch heute früh in den Brockholes ein Wesen gehört, das hat gekreischt, als schnitte ihm jemand die Kehle durch. Alle Haare stehen mir zu Berge, wenn ich mir vorstelle, daß das vielleicht unsere Lady war, vielleicht ermordet von dem schrecklichen Kerl. Ich hab's für einen Streit zwischen Wildkatzen gehalten und gehofft, sie würden sich gegenseitig umbringen; aber denk ich genau darüber nach, hat's glatt nach den überirdischen Schreien unserer Lady geklungen.«

»Er stehe uns bei, Wattie! Beeil dich – setz deine Mütze auf, nimm deinen Stab und sieh nach!«

»Schande auf mich, wenn ich das mache, Bessie!«

»Los, Wattie, vertrau auf den Herrn!«
»Na gut, das mach ich jeden Tag. Aber niemand darf in einen Abgrund springen und darauf hoffen, daß der Herr ihn sanft auffängt. Und es ist gefährlich für einen alten ungelenken Mann wie mich, an einen einsamen Ort zu gehen, wo sich zwei ermorden. Was höre ich da, Bessie? Halt deine Zunge im Zaum und lauf zur Tür und sieh, was das für ein Krach ist.«
Bessie eilte zur Tür, kehrte aber gleich darauf mit weit aufgerissenem Mund zurück.
»Sie sind's, Wattie! Sie! Gott steh uns bei! Was sollen wir tun?«
»Sie; wer — *sie*?«
»Na, die schreckliche Kreatur! Sie kommt her und zerrt unsere Lady am Schopf und treibt sie mit einem Stock an. Ich bin ja außer mir! Was sollen wir bloß tun?«
»Wir hören uns an, was sie zu sagen haben«, erwiderte Wattie, der genauso entsetzt war wie seine Frau; instinktiv oder wie als letztes Hilfsmittel öffnete er die Bibel, ohne zu wissen, was er da tat, dann setzte er hastig seine Brille auf; doch ehe er zwei Seiten umgeblättert hatte, traten die beiden ein, wahrlich ein schrecklich anzusehendes Paar. Merodach mit seinem alten verwitterten Gesicht und den wieselflinken Augen führte Lady Weelhope am langen Haar, das schon zu ergrauen begann. Ihr Gesicht war aufgedunsen von Wunden und Prellungen, ihre Kleidung war zerfetzt und blutig.
»Was soll das! Was soll das, Sir?« fragte Wattie Blythe.
»Schließt das Buch, und ich sage es Euch, guter Mann«, erwiderte Merodach.
»Ich höre Eure Worte auch, wenn das Buch offen ist, Sir«, antwortete Wattie und blätterte weiter und tat, als suche er nach einer bestimmten Stelle, doch ohne anscheinend zu wissen, was er tat. »Eine schändliche Sache, das; aber jemand wird sich dafür verantworten müssen. Lady, ich bin betrübt, Euch in solchem Zustand zu sehen.«
Die Lady schüttelte den Kopf, ließ ein leises hohles Gelächter ertönen und richtete den Blick auf Merodach. Aber was für ein Blick! Er raubte dem armen alten Ehepaar fast den Verstand. Es war kein liebevoller oder haßerfüllter Blick, auch kein Blick der Sehnsucht oder des Widerwillens, sondern in ihm lag eine Mischung von allem. Es war ein Blick, wie ein Unhold ihn dem anderen zuwerfen mag, dessen ewige Verdammnis er willkommen heißen würde. Wattie war froh, seine Augen

von solchem Gesichtsausdruck abwenden und in die Bibel schauen zu können, das feste Fundament all seiner Hoffnungen und Freuden.

»Ich bitte Euch, das Buch zu schließen, Sir«, sagte das schreckliche Wesen. »Und wenn Ihr's nicht tut, dann schließ ich es Euch!« Und mit diesen Worten packte er den Band und schleuderte ihn gegen die Wand. Bessie stieß einen Schrei aus, und Wattie war wie erstarrt; und obwohl er geneigt schien, seinem besten Freund, wie er das Buch nannte, nachzueilen, hinderte ihn daran doch das teuflische Aussehen des Kobolds und fesselte ihn auf seinen Stuhl.

»Hört zuerst an, was ich zu sagen habe«, fuhr das Wesen fort, »und labt Euch dann an Eurem kostbaren Buch. Eine Sorge auf einmal ist genug. Ich bin gekommen, um Euch einen Dienst zu erweisen. Hier, nehmt diese arme verfluchte Frau, die Ihr Eure Lady heißt, und liefert sie den Behörden aus, damit sie zu ihrem Manne und auf ihren Platz in der Gesellschaft zurückkehren kann. Sie ist einem Mann gefolgt, der sie haßt und der ihr noch kein freundliches Wort gesagt hat; und obwohl ich sie wie einen Hund geschlagen habe, klammert sie sich an mich und will nicht verschwinden, so verhext ist sie von der löblichen Absicht, mir den Hals durchzuschneiden. Sagt Eurem Herrn und ihrem Bruder, daß ich mich mit dieser Verrückten nicht belasten will. Ich habe sie gezüchtigt und mit Füßen getreten und Tag und Nacht gequält, und doch will sie mir nicht von der Seite weichen. Nehmt sie. Beansprucht die Belohnung, dann ist Euer Glück gemacht – und damit lebt wohl!«

Die Kreatur verschwand, doch kaum hatte sie den Rücken gekehrt, als die Lady wie von Schmerzen befallen zu kreischen und sich zu winden begann, und trotz aller Mühen des alten Ehepaars machte sie sich los und lief dem davongehenden Merodach nach. Als er sah, daß seine Maßnahme keinen Erfolg gehabt hatte, drehte er sich um und schlug sie mit einem Stock nieder; damit nicht genug, mißhandelte er sie weiter auf eine Weise, die zwanzig andere Menschen getötet hätte. Die arme ergebene Frau konnte nichts tun, als ab und zu wie eine halb verrückte Katze zu schreien und sich im Gras zu winden, bis Wattie und seine Frau herbeieilten und ihren Peiniger von weiteren Ausschreitungen abhielten. Dann fesselte er ihr mit einer starken Schnur die Hände hinter dem Rücken und gab sie erneut in die Obhut des alten Schäferpaars, dem es ge-

lang, die Frau zu halten und nach Hause zu bringen.
Wattie schämte sich jedoch, sie ins große Gebäude zu führen, und brachte sie in eins der Nebenhäuser; dort sollte ihr Bruder sie in Empfang nehmen. Der Mann des Gesetzes war sichtlich erschrocken über ihr Aussehen und mußte an sich halten, sein Entsetzen zu verbergen. Als Wattie ihm berichtete, wie der üble Kerl seine Schwester mißhandelt hatte und daß die Lady bestimmt getötet worden wäre, hätten Bessie und er nicht eingegriffen, sagte er: »Walter, es ist wirklich schade, daß er sie nicht getötet hat. Was kann ihr das Leben jetzt noch bieten, oder welchen Wert hat ihr Leben noch für irgend jemand anders? Nachdem sie alle entehrt hat, die mit ihr in Verbindung stehen, ist es besser, wenn sie möglichst schnell von dieser Erde genommen wird.«
Der Mann bezahlte jedoch dem alten Walter seine zweitausend Mark, damals ein großes Vermögen für einen Mann in seiner Stellung; und um die unnatürliche Geschichte nicht weiter auszuwalzen, möchte ich nur ganz kurz hinzufügen, daß Lady Wheelhope bald darauf erneut entfloh und, wie von einem unwiderstehlichen Zauber angezogen, zu ihrem Folterer eilte. Ihre Freunde kümmerten sich nicht mehr um sie; und als sie das letztemal lebendig gesehen wurde, folgte sie dem seltsamen Wesen am Wasser des Daur, müde, verwundet und lahm, während er sie unentwegt schlug, wie zum ewigen Vergnügen. Wenige Tage darauf wurde ihre Leiche zwischen einigen Wildpflanzen gefunden, an einem Ort, der Crook-burn heißt, und zwar durch eine Gruppe der verfolgten Covenanter, die sich dort versteckten, Männer, die sie selbst hatte vernichten wollen und die wie David aus der alten Schrift vertrieben worden waren, um einen Fluch und eine irdische Strafe im Gebet für sie zu erflehen. Sie begruben die Frau wie einen Hund am Yetts von Keppel und rollten drei riesige Steine auf ihr Grab, die noch heute dort liegen. Ihre Leiche war auf die schrecklichste Weise zerschunden und entstellt; offenbar hatte das Ungeheuer sie zu Tode gequält. Von ihm hat man in diesem Königreich nicht mehr gehört, obwohl die ganze Gegend noch auf Jahre hinaus in Angst und Schrecken vor ihm lebte; und bis heute kann man dort die Geschichte vom Kobold und der Lady hören.

Der Geist mit dem goldenen Kästchen

ALLAN CUNNINGHAM

An der Küste von Cumberland ist auf einem hübschen grünen Hügelvorsprung das schöne alte Schloß Caerlaverock zu sehen, auf einer Seite vom Nith-Fluß begrenzt, auf der anderen vom tiefen Meer und von der fast undurchdringlichen Wirrnis des Solway, während man ganz in der Ferne die drei Türme von Dumfries und die hohen grünen Hügel von Dalswinton und Keir ausmachen kann. Früher lebten in diesem Schloß die fast fürstlichen Familien der Douglas, Seaton Kirkpatrick und Maxwell; heute wohnen dort nur noch Falken und Eulen, die Höfe sind Zuflucht für das Vieh, und die Mauern bieten vorbeifahrenden Schmugglern mitternächtlichen Schutz oder dienen wie die Mauern jener in der Schrift verdammten Stadt den Fischern zum Trocknen ihrer Netze. Zwischen dieser schönen alten Ruine und den Ufern des Nith am Fuße eines Pinienhains und einen Steinwurf von der Gezeitenmarke entfernt, bieten sich dem neugierigen Auge noch heute Überreste eines alten Fischerhäuschens dar; Brombeerranken und wilde Pflaumen haben vergeblich versucht, die riesigen grauen Granitblöcke zu besiegen, aus denen die Grundmauer bestand. Auch lassen sich noch die Spuren eines kleinen Gartens feststellen, insbesondere im Sommer, wenn Rosen und Lilien und andere Überbleibsel früherer Schönheit ihre Blüten zu öffnen beginnen und sich inmitten der Einöde mit fast menschlicher Zuneigung an den Boden klammern. Die ländliche Ruine bietet auch dem Auge des Geschichtskenners nichts Besonderes, schon gar nicht im Vergleich zu ihrem imposanteren Nachbarn, dem Schloß von Caerlaverock; doch mit dem einfachen Häuschen und seinem Garten verbindet sich aus der Vergangenheit eine so wilde und bewegende Geschichte, daß es sich im Auge der hiesigen Bevölkerung über alle fürstlichen Feste und feudalen Schrecknisse des Schlosses erhebt.

Es sind nun etwa fünfzig Jahre her, daß ich die Gemeinde Caerlaverock besuchte; doch seine Menschen, die dortige Landschaft und die Geschichte des Geistes mit dem goldenen Kästchen sind mir noch so frisch in Erinnerung, als hätte ich alles gestern erlebt. Ich war an einem angenehmen Julinachmittag zum Flußufer hinausgewandert, wo die Fischer ihre Netze eilig in die auflaufende Flut tauchten und die breiten Wellen des Solway-Arms gegen Ufer und Klippe liefen, soweit das Auge reicht. Überall wimmelte es von Booten, und die verlasseneren Buchten waren weiß von Wasservögeln. Ich setzte mich auf einen kleinen Grashügel zwischen den Ruinen des Häuschens und dem kleinen Gartengebiet und starrte mit der ungetrübten Freude des Fremden auf die herrliche Szene, die sich vor mir ausbreitete. Zur Rechten und jenseits des Flusses erhoben sich in auffälliger Schönheit die ausgeprägten Reste der alten schottischen Religion über der bescheidenen Kirche von New-Abbey und dem armseligen Dorf; weiter im Süden stiegen die spitzen weißen Klippen von Barnhourie auf, während zur Linken die alten Zwinger von Cumlongan und Torthorald standen — und das Schloß Caerlaverock. Die ganze Szene wurde von dem majestätischen grünen Criffel-Berg überschattet, der seinem noch imposanteren, aber weniger schönen Nachbarn Skiddaw gegenüberstand, während zwischen ihnen die tiefe und breite Solway-See strömte — von Klippen und Schloß und Stadt gesäumt.

Als ich so über die verschiedenen Gewässer schaute und die Fortschritte der Fischer beobachtete, erblickte ich einen alten Mann, der sich mir näherte und dabei wie ein Hund eine schöne junge Milchkuh führte — an einem Halfter aus geflochtenem Haar. Das Halfter führte durch die Enden von zwei flachen Holzstücken, die links und rechts bis zum Maul der Kuh liefen, gegen ihre Nase drückten und ihr Schmerz verursachten, wenn sie nicht gehorchte. Die Kuh schien durchaus willens zu sein, den Luxus des saftigen Bewuchses zu genießen, der das verfallene Häuschen umgab; doch dieser bescheidene Wunsch sollte ihr nicht erfüllt werden, denn der betagte Eigentümer rollte seinen Zügel zusammen, packte sie dicht am Kopf und führte sie an dem leckeren Gras vorbei auf einen kleinen und bereits abgegrasten Hügel zu, einen guten Steinwurf entfernt. Diese Selbstbeschränkung schien das Tier nur ungern hinzunehmen; die Kuh sah zu dem frischen grünen Gras hinüber, versuchte zur Seite auszubrechen, zerrte und löste sich fast aus ihren Banden. Doch was die Kraft des Alten nicht zu vollbringen vermochte, schien durch Worte erreicht zu werden:

»Gute Lady, gute Lady«, sagte er in beruhigendem Ton. »Es

kann nicht sein, es darf nicht sein — o je, o je, was sollte aus meinen drei hübschen Enkeln werden, die die tückische Flut vor uns zu Waisen gemacht hat, wenn sie Milch und Butter aus dem Gras dieses verfluchten Ortes äßen!«

Die Kuh schien auf ihre Weise ein wenig von der Rede des alten Mannes zu begreifen; sie gab den Widerstand auf, begnügte sich mit einem sehnsüchtigen Blick auf das hohe, saftige Gras und schritt zu der ihr bestimmten Weide weiter.

Ich hatte oft von dem ausgeprägten Aberglauben der schottischen Landbevölkerung gehört und wußte, daß jedes Hügelchen sein Lied, jeder Berg seine Ballade und jedes Tal seine Sage hatte. Ich folgte dem alten Mann und seiner Kuh mit den Blicken; er entfernte sich nur ein kurzes Stück, setzte sich auf den Boden und sprach wieder zu der Kuh, ohne den Zügel aus der Hand zu geben: »Und jetzt, meine gute Lady, friß dich voll mit dem grünen Gras hier — es ist bekömmlich und heilig, verglichen mit dem Gras am verdammten Haus des alten Gibbie Gyrape — sollen sich die Schmuggler drüber ärgern — Willie Brandyburn und Roaring Jock von Kempstone kümmern sich nicht um das verfluchte Haus — gottlos und furchtlos sind die.«

Ich besah mir den Bauern; ein munterer alter Mann mit wettergegerbtem Gesicht, schon ein wenig gefurcht von der Zeit — und vielleicht auch von der Sorge. Obwohl wir Hochsommer hatten, trug er einen weiten karierten Mantel, der unten von einer Klemme zusammengehalten wurde, dazu einen Schlapphut, unter dessen Krempe ein paar dünne schneeweiße Locken hervorsahen; seine Beine steckten in blaugerippten Fischerstiefeln. Nachdem er sein Tier auf dem Gras losgelassen hatte, sah er sich in aller Ruhe um, und als er mich entdeckte — einen Fremden, der besser gekleidet war als das Volk hier — grüßte er mich mit einer knappen Geste zum Hutrand; und als habe er mir etwas Wichtiges mitzuteilen, stach er den Pflock der Leine in den Boden und kam an den alten Gartenzaun.

Da ich die Gründe des Bauern für seine Abkehr von den Ruinen wissen wollte, wandte ich mich an ihn: »Ein hübscher Ort ist das hier, mein betagter Freund, und das Gras sieht so frisch und saftig aus, daß ich Euch raten möchte, Euer Tier hierher zu bringen; und während es grast, würde ich gern die Geschichte Eurer weißen Locken erfahren, die offenbar in zahlreichen Stürmen gebleicht worden sind.«

»Aye, aye«, sagte der Bauer und schüttelte mit versonnenem Lächeln den weißen Kopf, »sie haben zwischen sechzehn und sechzig so manchen Sturm überstanden; aber was die Weide angeht, Sir, so wüßte ich niemanden, der seine Kühe hier zum Grasen schicken würde — das alte Vieh meidet den Ort, die Büsche blühen zwar, tragen aber keine Früchte, die Vögel bauen keine Nester in den Ästen, die Kinder spielen hier nie, und die Alten ruhen sich an diesem Ort nicht aus, sondern deuten nur im Vorbeigehen hin und erzählen den Kindern die Geschichte seiner Verödung. Ach, Sir, da ich keinen Wunsch habe, solchen Flecken Erde zu berühren, gefällt es mir auch wenig, einen Fremden an einer so unglücklichen Stelle sitzen zu sehen, und ich möchte Euch raten, hier zu mir auf die Schlüsselblumenkuppe herüberzukommen — es gibt viele Gründe, warum ein ehrbarer Mann dort nicht sitzen sollte.«

Ich erhob mich sofort und nahm neben dem Bauern Platz. Dann bat ich ihn, mir etwas über die Vergangenheit der Stelle zu erzählen, vor der er mich eben gewarnt hatte. Der Kaledonier sah mich nicht ohne Verlegenheit an.

»Ich hab mir gerade überlegt«, sagte er, »da Ihr ja Engländer seid, sollte ich Euch nicht so eine Geschichte erzählen. Ihr haltet es doch sicher für Aufschneiderei, wenn Ihr wieder zu Hause seid — wie Euch der alte Willie Borlan aus Caerlaverock eine Geschichte von schottischer Schändlichkeit erzählt hat, neben der alle Schilderungen aus Büchern oder Geschichten des Südens blaß erscheinen.«

Dieses merkwürdige Bedenken war schnell beseitigt. »Mein weiser und rücksichtsvoller Freund«, sagte ich, »ich habe Blut in meinen Adern, das mich daran hindert, eine solche Geschichte den Spöttern weiterzuerzählen. Ich selbst bin auch eine Art Caerlaverock-Mann — der Enkel von Marion Stobe von Dookdub.«

Der Bauer ergriff meine Hand. »Marion Stobie! Die gute Marion Stobie von Dookdub — die ich so sehr betrauert und so lange geliebt habe! Guter Mann, ich liebe Euch um ihretwillen. Nur gut für ihren mutigen englischen Bräutigam, daß William Borlan — heute zittrig und ergraut, doch damals kräftig und bei bester Manneskraft — gerade tausend Meilen von Caerlaverock entfernt auf der Salzsee schwamm, als sie gefreit wurde: Ihr habt Ähnlichkeit mit ihr — ich würde das unter zehntausend erkennen, so grau mein Kopf auch sein mag. Dem Enkel der guten Marion Stobie will ich gern jede Geschichte erzählen, die er hören will, und die Geschichte vom Geist mit dem goldenen Kästchen soll der Anfang sein.

Ihr müßt Euch also vorstellen«, sagte der alte caerlaverocksche Bauer, der bei Beginn seiner Geschichte sofort aus dem heimatlichen Dialekt in annehmbares Englisch wechselte, »Ihr müßt Euch vorstellen, daß diese Ruinenwände in aller Pracht dastehen, geweißt und mit grünem Ginster bewachsen; der Garten, jetzt verwildert, ist voller Gewächse in schönster Blüte umgeben von einem Zaun aus Kirsch- und Pflaumenbäumen; und das Ganze im Besitz eines jungen Fischers, der den Unterhalt seiner Frau und seiner Kinder aus der Solway-Bucht bestreitet. Ihr müßt Euch auch denken, daß dies nun gut fünfzig Jahre zurückliegt. Nur zwei Personen sind noch am Leben, die sich erinnern, wie die *Bonne-Homme-Richard*, das erste Schiff, das Richard Faulder je kommandierte, an der Pellock-Sandbank auflief – eine dieser Personen seht Ihr vor Euch, die andere ist der Fischer, dem einmal das Haus dort gehörte und dessen Name niemals ausgesprochen werden sollte und dessen Leben als Warnung für die Welt, wie schlimm Gottes Strafe ist, verlängert zu sein scheint. Das Leben verändert sich, alle atmenden Dinge haben ihre Zeit; doch der Solway fließt stets in gleicher Schönheit, Criffel erhebt sich in unveränderter Majestät, das Licht des Morgen kommt, und der Vollmond steigt heute noch so auf wie damals – doch dieses Philosophieren tut nichts zur Sache. Es war etwa zur Mitt-Ernte – ich erinnere mich noch gut an den Tag: es war schwül und stickig gewesen, begleitet von plötzlichen Windstößen und aufschäumenden Wellen und Bewölkungen der Sonne – da hörte ich meinen Vater seufzen und sagen: ›Gott steh allen bei, die heute abend auf dem Meer sind – es wird einen schrecklichen Sturm geben.‹ Der Tag ging zu Ende, und der Mond stieg über Skiddaw auf: alles war klar und still – und das ständige Rauschen und Brechen des Meeres vermischte sich bald mit dem hastigen Flügelschlag der Wasservögel, die die Wellen verließen und in den Hohlräumen zwischen den Felsen Schutz suchten. Der Sturm war nahe. Der Himmel verdunkelte sich abrupt – ein Donnerschlag folgte dem nächsten, und die Blitze zuckten so heftig und so schnell, daß die aufgewühlte Fläche des Solway von einem Ende zum anderen zu übersehen war – von St. Bees bis nach Barnhouri. Schwerer Regen, mit Hagel vermischt, setzte ein, und ein Wind begleitete diese Erscheinung, so wild und stark, daß der weiße Schaum des Meeres wie Schnee bis zum Schloß von Caerlaverock gischtete.

Mitten durch Sturm und Dunkelheit, durch das gefährlich aufgewühlte Meer in der Mitte der Bucht sah man in schnellem Tempo eine Barke kommen; ihre Segel waren zerrissen, und auf ihrem Deck drängten sich Menschen. Der Sturm tobte von St. Bees in Richtung Caerlaverock. Erfahrene Seeleute wußten, daß das Boot direkt auf die gefährlichen Untiefen der schottischen Seite zugetrieben wurde; doch die Blitze zuckten so wild, daß nur wenige wagten, zu dem näherkommenden Schiff hinabzuschauen oder zu versuchen, vielleicht das Leben der armen Seeleute zu retten. Mein Vater stand auf der Schwelle seines Hauses und sah alles, was sich am Busen des Meeres abspielte. Die Barke kam schnell näher – die Takelage zerrissen, die Masten dicht über dem Deck abgebrochen, und die Wogen schlugen so mächtig über ihr zusammen, daß die Reste ihrer Mannschaft aus dem notdürftigen Schutz geschwemmt zu werden drohten, den die abgebrochenen Masten und zersplitterten Rahen noch bieten mochten. Das Fahrzeug schien nur noch eine halbe Meile vor der Küste zu liegen, als ein mächtiger Blitzschlag, der einen Augenblick über der Barke zu verharren schien, den Blick auf eine Frau freigab. Sie war kostbar gekleidet und klammerte sich an einem jungen Mann fest, der sie an seine Brust drückte. Mein Vater rief: ›Sattle mir das schwarze Pferd und auch das graue – und bring sie zur Totenbank hinab‹ – und gesagt getan, hastete er zum Ufer, seine Diener folgten ihm mit den Pferden. Die Küste des Solway war damals so vielgestaltig wie heute, und das Haus meines Vaters stand am Ende einer kleinen Bucht, fast eine Meile von hier entfernt. Die Reste eines alten Waldes erhoben sich zwischen seiner Bucht mit der Totenbank und der Bucht vor uns; und schon mancher Seemann hatte sich aus schlimmer Erfahrung gewünscht, wenn er schon stranden mußte, dann lieber in der Bucht des ruhigen William Borlan, als in der von Gilbert Gyrape, dem Besitzer jenes zerfallenen Hauses. Doch Menschenwunsch ist Eitelkeit – ob nun auf See oder an Land. Ich habe meinen Vater sagen hören, er hätte die Schreie der Seefahrer nie vergessen können, als die Barke auf die Pellockküste auflief und als die Flut durch die Löcher rauschte, die der Aufprall gerissen hatte; doch noch weniger konnte er die Qualen einer Lady vergessen – der schönsten Frau, die das Auge schauen konnte – oder den gelassenen, liebevollen Mut des jungen Mannes, der sie stützte und vor der Vernichtung zu bewahren suchte. Richard Faulder, der einzige Überlebende, hat oft an meines Vaters Feuer gesessen und mir eine grausame, aber sehr eindrucksvolle Ballade gesungen, die er über dieses junge unglückliche Paar gedichtet hat; und der alte Seemann hat mir versichert, er hätte nur ein paar Reime und beschreibende Zeilen zu der Sprache hinzugefügt, in der Sir William Misgrave seine Frau zu beruhigen und ihr beizustehen versucht hatte.«

Es wollte mir als außerordentlich erscheinen, daß in diesem Augenblick zwei junge Fischer, die am Strand unter uns saßen und ihre Halbnetze beobachteten, in schönem Ton zu singen begannen – eben jenes Lied, das mir der alte Mann beschrieben hatte. Sie sangen die Verse abwechselnd hinaus, und das Gestein und die Bucht schienen die Töne erst zurückzuhalten, dann freizugeben. Nichts ist so schön wie ein Lied am Meer an einem ruhigen Abend.

Als die jungen Fischer ihr Lied beendet hatten, fuhr mein Begleiter fort: »Die Blitze zuckten noch immer wild und schnell, und der Sturm wütete mit ungebrochener Kraft; zwischen Schiff und Küste geriet das Meer in schreckliche Bewegung und sprang mehrere Faden hoch auf das grüne Land. Mein Vater, auf einem Pferd sitzend, das andere am Zügel haltend, stand bereit, den unglücklichen Seefahrern jede Hilfe zu gewähren, die in der Macht eines mutigen Mannes lag; doch weder Pferd noch Mann vermochten die Gewalt der Brandung zu überwinden. Die Barke ertrug eine Zeitlang die Wut der Elemente, doch als plötzlich ein starker Ostwind aufkam, wurde sie zwischen Woge und Sandstein gedrückt, wurde vom Eingang zu meines Vaters kleiner Bucht auf das Anwesen Gibbie Gyrapes zugetrieben und verschwand hinter dem dichten Wald schnell aus den Blicken. Zum letztenmal sah mein Vater die Lady und ihren Mann an der Seite des Fahrzeugs, wie sie zum Land blickten, und als er eilig um die Waldspitze ritt, hörte er zum letztenmal den Aufschrei einiger Menschen, ihr Jammern und Flehen. Als er das Haus des Fischers erreichte, bot sich ihm ein fürchterlicher Anblick – das Schiff, nur noch ein Wrack und in seine Einzelteile zerschlagen, lag verstreut am Strand, und überall die angeschwemmten Leichen der Seeleute – kein Mann überlebte, nur Richard Faulder, den der Unhold, der das Phantomschiff von Solway lenkt, zum lebenden Zeugen für die Schrecknisse seiner Herrschaft gemacht hatte. Plötzlich kam der Fischer selbst aus seiner Hütte, naß von oben bis unten, und mein Vater wandte sich an ihn: ›O Gilbert, Gilbert, was für ein schrecklicher Anblick! Hat es dir der Himmel vergönnt, zum Werkzeug der Rettung einer menschlichen Seele zu werden?‹ ›Weder Seele noch Körper habe ich gerettet‹, sagte der Fischer düster. ›Ich habe mein Bestes getan — aber der Sturm war zu stark und die Blitze zu heftig — das Boot kam mit einer Lady und einem Goldkästchen in meine Nähe — doch sie wurde von der Flut verschluckt.‹ Mein Vater gestand später, wie sehr ihn der Ton dieser Worte berührt hatte, und antwortete: ›Wenn du dein Bestes getan hast, einen Menschen zu retten, wird dir große Belohnung zuteil — hat dir aber persönlicher Gewinn mehr am Herzen gelegen als die Rettung der Schiffer, wirst du dich verantworten müssen.‹ Als er diese Worte sprach, rollte eine gewaltige Woge bis zu der Stelle, wo sie standen — sie sprühte ihre Gischt fast in die Gesichter der beiden — und schwemmte ihnen die Leiche der Lady vor die Füße. Als mein Vater sie auf die Arme nahm, bemerkte er, daß die Juwelen, die ihr langes Haar geschmückt hatten, gewaltsam abgerissen worden waren, ebenso die Diamanten und das Gold, die ihren Hals umschlossen und den Brustteil ihres kostbaren Satinkleides geziert hatten, auch die Ringe von ihren Fingern fehlten — und an ihrem Hals, der noch vorhin so lilienweiß und rein gewesen war, zeigten sich die Spuren von Händen, die nicht in Liebe und Zärtlichkeit dorthin gelegt worden waren, sondern mit heftigem, tödlichem Griff.

Die Lady wurde auf dem Kirchhof von Caerlaverock neben ihrem Mann begraben. Mein Vater hat Fischer Gilbert nie offen beschuldigt, die Lady wegen ihrer Reichtümer ermordet zu haben, als sie das Ufer erreichte, doch von jenem Augenblick an bis zur Stunde seines Todes hat mein Vater nie wieder das Brot mit ihm gebrochen, ihm oder seiner Familie die Hand geschüttelt oder auch nur ein Wort mit ihm gewechselt, weder im Guten noch im Bösen. Auch war der Fischer nach dieser Zeit plötzlich vermögend, und aus dem Besitzer eines Halbnetzes und Mieter eines kleinen Häuschens wurde bald der Herr über eine beträchtliche Erbschaft. Er machte sich daran, ein hübsches Herrenhaus zu errichten, das er Gyrape-Haus nannte, und wurde zu einem führenden Mann in einer Gruppe besonders beflissener Presbyterianer — ein Vorbild für die ganze Gemeinde.

Obwohl das Glück dem Bauherrn des Gyrape-Hauses so wundersam zur Seite stand, wurde sein Anspruch auf Anerkennung in der Gemeinde von vielen mit Verachtung behandelt, und von allen mit Zweifeln – obwohl nicht offen oder direkt darüber gesprochen wurde. Blicke, die zuweilen verletzender sein können als die schärfsten Worte, und Handlungen, die noch ausdrucksvoller wirken, zeigten, daß die Menschen ihm im Herzen fremd geworden waren – die Ursache zu erraten blieb ihm überlassen. Das Bauernvolk zögerte, bei ihm in Anstellung zu gehen, Seeleute nahmen ungern sein Korn an Bord, aus Angst, sie würden auf hoher See von Unglück betroffen, Bettler baten ihn nicht mehr um Almosen, selbst die Viehverkäufer und Pferdehändler, eine skrupellose Bande, schlossen ihre Geschäfte mit ihm ab, ohne ihm die Hand zu schütteln, seine Töchter, hübsch und blauäugig, wurden nicht umworben oder geheiratet; kein Mädchen ließ sich mit seinen Söhnen ein – obwohl die Mädchen damals so wenig zurückhaltend waren wie heute; und die alten Männer, die an seinem neuen Haus vorbeikamen, schüttelten den Kopf und sagten: ›Die Stimme des vergossenen Blutes wird sich gegen dich erheben – und ein Geist wird aus dem Wasser aufsteigen und den Grundstein deines Anwesens beben und zittern machen.‹

Es geschah in dem Sommer, der dem bedauerlichen Unglück folgte, daß ich meinen Vater zum Solway begleitete, um seine Netze zu untersuchen. Es war fast Mitternacht – die Flut lief auf, und ich setzte mich neben ihn und beobachtete das Heranströmen des Wassers. Die Küste schimmerte im Sternenlicht, soweit das Auge reichte. Fischer Gilbert war an diesem Morgen aus seinem kleinen Häuschen in das neue Herrenhaus umgezogen; das Gebäude lag also verlassen da, und aus dem neu bezogenen Haus, das auf einem Aussichtspunkt des Hügels stand, schallte der Lärm von Gelächter, Musik und Tanz herab. Man feierte die Einweihung des Hauses. Als wir ruhig auf das Meer blickten und den Wasservögeln dabei zusahen, wie sie auf den steigenden Wellen schwammen und tauchten, wurde der festliche Lärm noch lauter. Mein Vater lauschte, blickte über die See und auf das verlassene Häuschen, dann auf das neue Herrenhaus und sagte: ›Mein Sohn, ich muß dir einen Rat geben – bewahre ihn gut im Herzen und richte dein ganzes Leben danach. Die Töchter des Mannes aus dem Gyrape-Hause sind hübsch und haben einen Blick, der wohl den klügsten Jüngling schwach werden läßt, ihr Vater besitzt Vermögen – ich sage nichts über die Art, wie er es errang –, sie bekommen sicherlich ein goldenes Erbteil. Aber ich würde lieber deinen Kopf unter die Gänseblümchen des Friedhofs von Caerlaverock betten – und dabei habe ich außer dir keinen Sohn –, als zu erleben, daß du ihn mit der Brut dieses Mannes auf das Brautkissen legst – hätte sie auch das ganze Nithtal zur Mitgift. Laß meine Worte nicht untergehen wie ein Samenkorn im Ozean – ich darf dir nicht sagen, warum ich dich warne. Vor dem schrecklichen Schiffsunglück hätte ich gesagt, Prudence Gyrape in ihrem Rock wäre eine bessere Braut als so manche, die eine goldene Mitgift hat. Schon lange vermute ich, es würde jemand eine Erscheinung haben – und während ich mein Halbnetz in die Mitternachtsflut hielt, habe ich oft danach Ausschau gehalten –, denn wo Blut vergossen wurde, muß eine Zeitlang der Geist umgehen und den Menschen warnen. Gott gebe mir die Kraft, diesen Anblick zu ertragen!‹

Ich antwortete ihm nicht – ich war es gewöhnt, Ratschläge meines Vaters als feierliche Befehle anzusehen, als etwas, worüber man nicht diskutierte. Da hörten wir so etwas wie Flügelrauschen auf dem Wasser, begleitet von einer leichten Kräuselbewegung der Flut. ›Gott halte Seine rechte Hand über uns!‹ sagte mein Vater und atmete erregt und ehrfürchtig und blickte mit weitaufgerissenen Augen auf das Meer hinaus, während das Haar über seiner Stirn sich nach vorn zu recken und knisternd lebendig zu werden schien. Ich schaute ebenfalls hin, doch mir fiel nur ein langer dünner, bebender Lichtstreifen auf, der über die Meeresoberfläche tanzte; er erklomm das Ufer, wo er einen Augenblick zu verharren schien, drang dann in das Häuschen des Fischers ein und ließ Dach und Fenster in plötzlichem Licht erschimmern. ›Ich sag dir eins, Gibbie Gyrape‹, sagte mein Vater, ›ich möchte nicht dein Herz oder deine rechte Hand besitzen, auch wenn ich alle Schätze der Erde und des Ozeans dafür bekäme!‹ Ein lauter, durchdringender Schrei aus dem Häuschen ließ uns vor Angst erbeben, und nach wenigen Augenblicken eilten drei Gestalten ins Freie und hasteten mit einer Geschwindigkeit auf uns zu, die nur aus übernatürlicher Angst geboren sein konnte. Wir erkannten sofort drei bekannte Schmuggler, die in der Gegend arbeiteten. Als mein Vater ihnen entgegentrat, redeten sie alle auf einmal los und vermengten dabei ihre Ängste und die Geheimnisse ihres Berufes – denn das Entsetzen überlagerte ihre übliche Vorsicht.

›Ich schwör's bei der Nachtflut und beim krummen Ruder!‹

stieß Willie Weethause hervor, ›noch nie hab ich so ein Licht gesehen, seit dein Destillierrohr Feuer fing und abbrannte anstatt Brandy zu liefern. Ich wette, nichts Gut's kommt dabei raus, eine Warnung vielleicht – du magst ruhig weitermachen, Wattie Bouseaway, mit deinem bösen Tun; ich, ich geh nach Hause und bereue.‹ ›Du Schwächling!‹ sagte sein Begleiter, dessen Mut von seiner Zuneigung zum Brandyglas herrührte, ›du Schwächling, läßt dich durch einen Feuerhauch und den Schatten eines Mädchens von unserem schönen Handwerk abbringen! Arme Seele – aber der alte Müller Morison macht deine Kehle zum Abflußrohr für die Abwässer seiner Mühle, wenn du jetzt kneifst und uns nicht bei unserem Transport hilfst. Verflixt, welch schlimme Erscheinung! Sie leuchtet, als sei das schöne Sternenlicht geradewegs aus der Hölle, und ihre stieren Augen formen die süßeste und angenehmste Luft zu Gespenstern und Kobolden.‹ ›Robert Telfer‹, sagte mein Vater zu dem dritten Schmuggler, ›erzähl mir nichts von den Geheimnissen eures gefährlichen Tuns – sag mir lieber, was du gesehen und warum du den Angstschrei ausgestoßen hast, der die Tauben aus den Caerlaverock-Pinien aufsteigen ließ.‹ ›Ich sag dir was, guter Mann‹, erwiderte der Seemann, ›ich habe das Feuer des Himmels breit über den Himmel und die Fläche des Ozeans zucken sehen, so wie du das Feuer einer Bowle beim Feiern, und ich habe nie gezagt oder geschrien; aber ich sag dir, das Licht, das da heute im Haus war, hatte eine schreckliche Bedeutung, die ruhig die Weisen austüfteln sollen; es ist aber kein Zeichen von Schwäche, wenn einem der Mut vor so einer Erscheinung versagt. Ach, wenn ich glaubte, ein Mann aus Fleisch und Blut wollte mir so einen Schrecken einjagen, würde ich ihm mit einem Dolch die Brust durchstoßen!‹

Mein Vater beruhigte den wütenden Desperado, indem er versicherte, er habe das Licht vom Meer zum Haus wandern sehen und habe selbst vor Entsetzen gebebt, da es kein gewöhnliches Licht zu sein schien. ›Oh, das ist gut!‹ sagte Robin daraufhin hoffnungsvoll, ›wenn es eines unserer Seegespenster war, ist mir das schon lieber – ich hab's für irgendeinen Landgeist gehalten! Und wo ich jetzt drüber nachdenke, wo hatte ich nur meine Augen? Hat es nicht in seinem eigenen Licht gestanden, mit langem, triefendem Haar, völlig durchnäßt, mit einem Goldkästchen in einer Hand, und die andere schützend vor den Hals gelegt? Ich wette, das war das Gespenst eines Mädchens, dem jemand wegen des Goldes den Hals umgedreht hat – und wäre sie geblieben, bis ich meinen Brandy geleert hatte, hätte ich ihr die eine oder andere kluge Frage gestellt.‹ Willie Weethause hatte nun seinen Schrecken fast überwunden und fühlte seine Liebe für das schöne Handwerk, wie sein Gefährte es nannte, zurückkehren. ›Jungs, die Flut ist da; laden wir unseren Brandy in das gute alte Boot und fahren wir im süßen Sternenlicht bis zum Kingholm oder zum Steinbruch – ihr wißt, wir sind mit Bailie Gardevine und Laird Soukaway von Ladlemouth verabredet.‹ Die drei Männer kehrten nicht ohne Zaudern und Besorgnis in das alte Häuschen zurück und trugen ihren Brandy zum Boot, und als mein Vater und ich nach Hause gingen, hörten wir, wie die Ruder in den Nith eintauchten, an dessen Ufern sie ihren Alkohol verkauften und ihre Angstgeschichte erzählten, deren Schrecknisse sie laufend steigerten und mit einer Vielzahl von Einzelheiten ausschmückten.

Die Geschichte des Geistes mit dem Goldkästchen breitete sich in vielen Versionen im Lande aus: einige behaupteten, die Erscheinung gesehen zu haben, und einige waren überzeugt, sie hätten sie gesehen – und wer die Kühnheit aufbrachte, um Mitternacht an der Küste zu wachen, wußte über schreckliche Lichter und seltsame Visionen zu berichten. Bei Leuten, die das Wundersame zu schätzen wußten, wurde das Gespenst mit Attributen ausgestattet, die den Kreis der Zuhörer am Kamin zusammenrücken ließen; während andere, die einem Gespenst nur ein bißchen dünne Luft zubilligten, die Erscheinung in ihren Beschreibungen zu einem sehr unpoetischen Schatten reduzierten oder zu einer Art besserem Irrlicht, das zum eigenen Vergnügen menschliche Gestalt annehmen konnte. Es gab allerdings viele, die wie mein Vater das ungewöhnliche Licht um Mitternacht an der Küste erscheinen sahen – und bei ihm eine Gestalt, die mit einer Lady in heller Kleidung Ähnlichkeit hatte, das Haar lang und naß und voller blitzender Diamanten – und die den Lärm eines Kampfes hörten und einen Schrei wie von einem ertrinkenden Wesen.

Nach Aussage des Landvolks wurde die Erscheinung manchmal auch spätnachts im Binnenland gesehen, wo sie Fischer Gilbert folgte wie ein menschlicher Schatten, wie ein reines Licht oder ein weißes Kleidungsstück – und oft in der Gestalt und mit den Attributen, die schon den Kreis der Schmuggler aufgestört hatten. Ich habe den ruhigen Davie Haining erzählen hören – ein gottesfürchtiger Mann und Mitglied der Bürgerversammlung, auf dessen Wort ich mich wohl verlassen konnte (wenn ihm der Alkohol ferngehalten wurde) – ich hörte ihn erzählen, er sei einmal vom Straßenmarkt in Dumfries nach Hause geritten, die Nacht sei dunkel gewesen und ein Hauch von Schnee habe den Boden bedeckt; er sei allein auf der Straße gewesen und habe den klugen Refrain des alten Lieds ›Es steht ein Stuhl in unserer Kirche‹ gesungen, das von dem Unglück irgendeiner törichten Dirne handelte – als er plötzlich das Geräusch galoppierender Hufe hinter sich hörte. Ehe er sich umdrehen konnte, floh schon Fischer Gilbert an ihm vorbei und trieb sein Pferd mit Peitsche und Sporen an. ›Kein Wunder, daß er galoppiert ist‹, sagte der alte Mann, ›denn eine schreckliche Gestalt war hinter ihm her, versuchte ihn hier und dort zu greifen und stieß mit jedem Grapscher einen gellenden Schrei aus.‹ Aber warum soll ich aus der allgemein bekannten Geschichte einen langen Roman machen? Der Fluch des vergossenen Blutes fiel auf ihn, seine Kinder und auf alles, was er besaß; seine Söhne und Töchter starben, seine Herden gingen ein, sein Korn wuchs, füllte jedoch nie die Scheune, Feuer fiel vom Himmel oder stieg aus der Hölle auf, sein Haus zu verzehren und alles, was sich darin befand. Er ist jetzt ein Mann von neunzig Jahren – ein Flüchtling und Vagabund auf dieser Erde, ohne Haus, das seinen weißen Kopf schützen kann, der ungesühnte Fluch hängt ihm noch immer nach.«

Während mein Begleiter diese Schilderung menschlichen Elends zum Abschluß brachte, sah ich die Gestalt eines Mannes, der vom Alter gebeugt war. Er wanderte zwischen den Büschen des zerfallenen Hauses umher und näherte sich der auflaufenden Flut. Er trug einen weiten Mantel, der bis zum Boden reichte und an der Hüfte von Gürtel und Schnalle zusammengehalten wurde, die Überreste von Strümpfen und Schuhen an seinen Füßen, eine Art Fischermütze auf dem schütteren weißen Haar, gestützt auf einen langen abgeschälten Stock. Mein Begleiter erschauerte unwillkürlich, als er ihn sah. »Und wenn man von ihm spricht – da kommt Fischer Gilbert! Einmal in vierundzwanzig Stunden erscheint er, wie Wind und Regen auch toben mögen – er kommt zur Nachtflut, um vor seinem inneren Auge noch einmal das alte Unrecht durchzumachen – er erhebt auch die Stimme, wie um einen Rat zu geben; und seht nun auch, wie er jetzt in die

Mitte eilt und mit dem Wasser kämpft, als hielte er einen Menschen umklammert!«

Ich blickte zu dem alten Mann hinüber und hörte ihn mit hohler und gebrochener Stimme rufen: »Ahoi, Schiff! Ahoi — richtet euren Bug zur Küste! Und, meine gute Lady, haltet Euer Kästchen fest. Ach! Die Welle hätte einen Dreidecker versenkt, geschweige denn ein schmales Boot — sieh — sieh doch, wie sie auf dem Wasser schwebte wie ein wilder Schwan!« — und er watete beim Sprechen tiefer in die Flut und schien mit beiden Händen etwas zu umkrallen und mit ihm im Wasser zu kämpfen.

»Na! Na! Klammer dich nicht mit deinen weißen Händen an mir fest — du hast da zu viele hübsche Sachen im Haar — und zu viele Diamanten am Kleid, um nicht unterzugehen. Und da ist auch soviel Gutes in deinem Kästchen, daß es dich siebzig Fäden tief unters Meer gezogen hätte!« Und er hielt weiter die Hände ins Wasser und murmelte dabei unentwegt vor sich hin.

»Sie ist schon halb hinüber — und ich werde ein prächtiger Landherr und baue mir ein schönes Haus und gehe brav zur Kirche und auf den Markt. Jetzt sollen die Wellen wirken — und mein Werk wird für das ihre gehalten.«

Er machte kehrt, um zum Ufer zu waten, doch eine mächtige Woge kam mit großer Geschwindigkeit auf ihn zu und riß ihm den Grund unter den Füßen weg, und ehe ihm noch jemand helfen konnte, war es zu spät; seine Natur war von der Fülle der Jahre und der Anstrengungen so erschöpft, daß er an einem Löffel voll Wasser ertrunken wäre. Die Leiche des elenden alten Mannes wurde nach einigem Widerstand des Landvolks an der Mauer des Kirchhofs begraben — und seitdem wurde der Geist mit dem goldenen Kästchen nicht mehr gesehen und spukte nur noch in den abendlichen Erzählungen der Knechte und Bauern.

Die Meerjungfrau

J. F. CAMPBELL

Es war einmal ein armer alter Fischer, dem in diesem Jahr kaum ein guter Fang gelang. An einem Tage von vielen war er wieder unterwegs, und da stieg eine Seejungfrau neben seinem Boot auf, und sie fragte ihn, ob er auch Fische finge. Der alte Mann antwortete traurig, er finge nicht viel. »Welche Belohnung würdest du mir geben, wenn ich dir viele Fische verschaffe?« »Ach!« sagte der alte Mann, »ich habe nicht viel zu geben.« »Gibst du mir deinen erstgeborenen Sohn?« fragte sie. »Oh ja, den würde ich dir geben, wenn ich einen Sohn hätte, aber ich habe keinen und werde auch keinen Sohn bekommen«, sagte er, »ich und meine Frau sind schon zu alt geworden.« »Sag mir, was du besitzt.« »Ich habe nur eine alte Schindmähre, einen alten Hund, mich und meine Frau. Da hast du all die Kreaturen auf der weiten Welt, die mir gehören.« »Hier hast du drei Samenkörner, gib sie heute abend deiner Frau und hier drei weitere für den Hund, und diese drei sind für das Pferd, und diese drei sollst du hinter dein Haus pflanzen, und bald wird deine Frau drei Söhne haben, das Pferd drei Fohlen und der Hund drei Welpen, und hinter deinem Haus werden drei Bäume wachsen, und die Bäume werden ein Zeichen sein; wenn einer der Söhne stirbt, wird einer der Bäume verdorren. Und jetzt fahr nach Hause und denk an mich, wenn dein Sohn drei Jahre alt ist; und du wirst viele Fische bekommen.« Es geschah, wie die Meerjungfrau gesagt hatte, und er fing viele Fische; doch als die drei Jahre vorüber waren, wurde der alte Mann sehr betrübt und niedergeschlagen, während er die Tage zählte. Bei der Wiederkehr des betreffenden Tages fuhr er wie üblich zum Fischen, doch seinen Sohn nahm er nicht mit.

Die Meerjungfrau tauchte neben seinem Boot auf und fragte: »Hast du deinen Sohn mitgebracht?« »Ach! Ich habe ihn nicht mitgebracht! Ich habe glatt vergessen, daß ja heute der Tag ist.« »Ja! Schon gut«, sagte die Meerjungfrau. »Du bekommst vier weitere Jahre mit ihm, wenn es dir dann vielleicht leichter fällt, dich von ihm zu trennen.« Er fuhr voller Freude und

Entzücken nach Hause, denn er konnte doch nun vier weitere Jahre mit seinem Sohn verbringen; er fischte weiter und brachte reiche Beute heim. Doch als sich die nächsten vier Jahre dem Ende zuneigten, befiel ihn Kummer, er aß nicht mehr und arbeitete kaum, und seine Frau wußte nicht, was ihn bedrückte. Diesmal wußte er nicht, was er tun sollte, doch er beschloß, seinen Sohn wieder nicht mitzunehmen. Er fuhr fischen wie immer, und wieder erschien die Seejungfrau neben dem Boot und fragte ihn: »Hast du deinen Sohn mitgebracht?« »Ach! Diesmal habe ich ihn auch vergessen«, sagte der alte Mann. »Dann fahr nach Hause«, sagte die Meerjungfrau, »und in sieben Jahren von heute mußt du dich an mich erinnern – aber dann wird es dir nicht leichter fallen, dich von ihm zu trennen, doch du sollst wie bisher viele Fische fangen.«

Voller Freude fuhr der alte Mann nach Hause; er hatte sieben Jahre mit seinem Sohn geschenkt bekommen, und ehe die sieben Jahre um waren, so meinte der alte Mann, wäre er längst tot und würde die Meerjungfrau nicht wiedersehen. Doch nein, auch die sieben Jahre vergingen, und man kann nicht gerade sagen, daß der alte Mann ohne Sorge und Unruhe war. Er fand keine Ruhe mehr, bei Tag nicht und bei Nacht. Der älteste Sohn fragte seinen Vater eines Tages, ob ihn etwas beunruhigte. Der alte Mann erwiderte, daß er Sorgen habe, daß das aber weder den Sohn noch sonst jemand etwas anginge. Der Jüngling erwiderte, er *müsse* aber wissen, was es sei. Sein Vater erzählte ihm schließlich, wie es zwischen ihm und der Meerjungfrau stand. »Mach dir deswegen keine Sorgen«, erwiderte der Sohn. »Ich werde mich nicht widersetzen.« »Du gehst nicht, du gehst nicht, mein Sohn, auch wenn ich nicht ewig soviel Fisch fange.« »Wenn du mich schon nicht mitnimmst, geh zur Schmiede und laß mir dort ein großes starkes Schwert machen, und ich versuche mein Glück.« Sein Vater ging zur Schmiede, und der Schmied machte ein starkes großes Schwert für ihn. Der Vater kam mit dem Schwert nach Hause. Der Jüngling packte es, fuchtelte damit herum, und es zerbrach in tausend Stücke. Er bat seinen Vater, zur Schmiede zu gehen und ihm ein anderes Schwert zu besorgen, das zweimal so schwer war. Das tat der Vater, und das gleiche geschah mit dem nächsten Schwert – es zerbrach in zwei Hälften. Und wieder ging der alte Mann zur Schmiede, und der Schmied machte ein riesiges Schwert, wie es nie zuvor hergestellt worden war. »Da hast du dein Schwert«, sagte der Schmied. »Die Faust, die diese Klinge schwingt, muß schon gewaltig sein.« Der alte Mann gab das Schwert seinem Sohn, der es erprobte. »Das geht«, sagte er. »Es wird höchste Zeit, daß ich mich auf den Weg mache.« Am nächsten Morgen legte er einen Sattel auf den Rücken des schwarzen Pferdes, das die Stute geworfen hatte, und er machte sich auf in die Welt, sein schwarzer Hund folgte ihm. Ein Stück weiter sah er am Straßenrand ein totes Schaf liegen. Neben dem Tier hockten ein großer Hund, ein Falke und ein Otter. Er stieg vom Pferd und teilte die Beute unter den dreien auf. Drei Drittelteile für den Hund, zwei Drittelteile für den Otter, und ein Drittelanteil für den Falken. »Als Gegengabe«, sagte der Hund, »darfst du an mich denken, wenn dir eine schnelle Pfote oder ein spitzer Zahn helfen kann – sofort eile ich an deine Seite.« Sagte der Otter: »Wenn ein schwimmender Fuß am Boden eines Teiches dich befreien kann, erinnere dich an mich, und ich eile an deine Seite.« Sagte der Falke: »Wenn dich ein Unglück befällt, bei dem dir ein schneller Flügel oder eine gekrümmte Kralle nottut, denk an mich, und ich eile an deine Seite.« Daraufhin ritt er weiter, bis er das Haus eines Königs erreichte. Hier verdingte er sich als Hirte, und sein Lohn entsprach der Milch des Viehs. Er trieb das Vieh fort, denn das Grasland war mager. Als die Nacht heranrückte und er das Vieh nach Hause brachte, hatte es nicht viel Milch, so kärglich war das Land, und sein Fleisch und Getränk fielen mager aus an diesem Abend.

Am nächsten Tag trieb er die Tiere noch weiter und kam schließlich in einem grünen Tal an eine Stelle mit saftigem Gras – so etwas hatte er noch nicht gesehen.

Doch als er um sein Vieh herumgehen wollte, um es nach Hause zu treiben, kommt da doch ein mächtiger Riese heran mit einem Schwert in der Hand. »Hiu! Hogaraich!!!« sagte der Riese. »Lange ist's her, daß meine Zähne solches Fleisch gekostet haben! Das Vieh gehört mir; es steht auf meiner Wiese, und du bist ein toter Mann!« »Nicht so voreilig, sage ich!« erwiderte der Hirte. »Man kann es nicht genau wissen, aber das ist vielleicht leichter gesagt als getan.«

Und sie stürzten sich aufeinander – er und der Riese. Als er sah, daß der Abstand zu seinem Gegner gerade groß genug war, zog er den riesigen Beidhänder und näherte sich dem Riesen; und im nun folgenden Kampf sprang der schwarze

Hund dem Riesen auf den Rücken. Der Hirte schwang sein Schwert zurück, und im Nu rollte dem Riesen der Kopf von den Schultern. Er sprang auf das schwarze Pferd und machte sich auf die Suche nach dem Haus des Riesen. Er fand eine offene Tür, in seiner Hast hatte der Riese Tür und Tor offen gelassen. Hinein marschierte der Hirte und fand einen Ort, wo es Pracht und Geld im Überfluß gab und Kleidung aus kostbaren Stoffen und Gold und Silber in den Schränken und ein Ding schöner als das andere. Bei Einbruch der Nacht begab er sich zum Haus des Königs, doch ohne einen Gegenstand aus dem Haus des Riesen mitzunehmen. Und als an diesem Abend die Kühe gemolken wurden, gaben sie reichlich Milch. Er wurde gut gefüttert, Fleisch und Trank ohne Einschränkung, und der König freute sich sehr, daß er einen solchen Hirten erwischt hatte. So ging es eine Zeitlang weiter, doch schließlich gab es kein Gras mehr im Tal, und das Vieh hatte es nicht mehr so gut.

Aber er dachte, er könnte ja noch ein wenig tiefer in das Gebiet des Riesen vordringen, und dachte dabei an die gewaltige Grasfläche. Er ging zurück, um das Vieh zu holen, und trieb es in den Park.

Die Tiere grasten dort erst kurze Zeit, als ein großer wilder Riese wütend angestürmt kam. »Hia! Hogaraich!!!« brüllte der Gigant. »Heute nacht stille ich meinen Durst an deinem Blut!« »So etwas weiß man nicht genau«, sagte der Hirte, »doch es ist schneller gesagt als getan.« Und die Männer gingen aufeinander los. Welch ein Geklirr der Waffen! Schließlich und endlich sah es so aus, als würde der Riese den Hirten besiegen. Doch dieser rief nun seinen Hund, und mit einem Satz packte der schwarze Hund den Riesen am Hals und mit schneller Bewegung schlug der Hirte seinem Gegner den Kopf ab.

An diesem Abend ging er sehr müde nach Hause, doch das Vieh des Königs hatte viel Milch.

So brachte er eine Zeitlang seine Herde zum Grasen; doch als er eines Abends nach Hause kam, wurde er von der Milchmagd nicht freundlich und mit Glückwünschen willkommen geheißen, sondern alle weinten und klagten.

Er fragte, welchen Grund zum Wehklagen man denn habe. Die Milchmagd erwiderte, im See lebe ein riesiges Ungeheuer mit drei Köpfen, das sich jedes Jahr einen Menschen holte, und das Los sei dieses Jahr auf die Tochter des Königs gefallen, »und morgen zur Tagesmitte soll sie zum Uile Bheist am oberen Seende gehen, aber da ist ein großer Freier, der sie retten will.«

»Was für ein Freier denn?« fragte der Hirte. »Oh, ein großer General«, sagte die Milchmagd, »und wenn er das Untier tötet, wird er die Tochter des Königs heiraten, denn der König hat gesagt, wer die Tochter rettet, bekommt sie zur Frau.«

Doch als am nächsten Morgen die Zeit heranrückte, gingen die Tochter des Königs und der Waffenheld los, um das Treffen mit dem Ungeheuer einzuhalten, und sie erreichten das dunkle Tal am oberen Seende. Sie warteten dort erst kurze Zeit, bis sich das Untier in der Seemitte regte; doch als der General das schreckliche Wesen mit den drei Köpfen erblickte, bekam er Angst, schlich sich davon und versteckte sich. Die Tochter des Königs aber war voller Angst und Zagen, da ja niemand bei ihr war, der sie hätte retten können. Bei einem Blick in die Runde sah sie einen hübschen tapferen Jüngling auf einem schwarzen Pferd näherkommen. Er war herrlich gekleidet und in vollen Waffen; ein schwarzer Hund folgte ihm. »Kummer umschattet dein Gesicht, Mädchen«, sagte der Jüngling. »Was suchst du hier?« »Oh! Das ist nicht wichtig«, sagte die Tochter des Königs. »Ich bleibe sowieso nicht lange.«

»Das habe ich nicht gesagt«, erwiderte er. »Ein mutiger Kämpfer wie du ist geflohen, es ist gar nicht lange her«, sagte sie. »Mutig ist nur, wer den Kampf besteht«, sagte der Jüngling. Er legte sich neben sie und sagte ihr, wenn er einschliefe, solle sie ihn wecken, sobald sie das Ungeheuer auf das Ufer zukommen sehe. »Was meinst du mit Wecken?« fragte sie. »Ich meine mit Wecken, daß du mir den Goldring deines Fingers auf den kleinen Finger steckst.« Sie waren noch nicht lange da, als sie das Biest auf das Ufer zukommen sah. Sie zog sich einen Ring ab und steckte ihn auf den kleinen Finger des Jünglings. Er erwachte und zog mit Hund und Schwert los, um sich der Kreatur entgegenzuwerfen. Und welch Prusten und Platschen gab es zwischen ihm und dem Untier! Der Hund leistete Hilfe mit voller Kraft, die Königstochter aber erbleichte vor Angst, als sie das Brüllen des Monstrums hörte. Mal waren die beiden unter, mal über Wasser. Doch schließlich schlug er einen der Köpfe ab. Das Wesen stieß einen Schrei aus, und der Sohn der Erde, das Echo von den Felsen, rief zu seinem Kreischen zurück und es raste hochaufschäumend von einem Ende zum anderen durch den See und war im Handumdrehen nicht mehr zu sehen. »Glück und Sieg sind dir treu gewesen, Jüngling!« sagte die Tochter des Königs. »Ich bin für eine Nacht in Sicherheit, doch das Untier wird immer wiederkommen, bis auch die beiden anderen Köpfe abgeschlagen sind.« Er fing den Kopf des Ungeheuers ein, zog eine Weidenrute hindurch und sagte, sie möge den Kopf morgen wieder her bringen. Sie ging mit dem Kopf auf der Schulter nach Hause, und der Hirte begab sich zu seinen Kühen. Doch sie war nicht weit gegangen, als der große General sie sah und ihr sagte, er würde sie töten, wenn sie nicht berichtete, daß er dem Untier den Kopf abgeschlagen habe. »Oh!« sagte sie, »ich werde es jedem so sagen, denn wer außer dir hätte dem Ungeheuer den Kopf abschlagen können!« Sie erreichten das Haus des Königs, und der Kopf ruhte auf einer Schulter des Generals. Es herrschte große Freude, daß sie gesund und heil nach Hause kam – mit dem Offizier, den blutigen Kopf des Ungeheuers in der Hand. Am Morgen gingen sie wieder fort, und es war keine Frage mehr, daß dieser Held die Königstochter retten würde.

Sie erreichten denselben Ort und waren noch nicht lange dort, als sich das schreckliche Uile Bheist in der Seemitte regte. Der Held verzog sich wie schon gestern, doch es dauerte nicht lange, bis der Mann auf dem schwarzen Pferd eintraf, mit neuer Kleidung. Sie wußte trotzdem, daß er derselbe war. »Ich bin sehr froh, dich zu sehen«, sagte sie. »Ich hoffe, du führst dein großes Schwert so gut wie gestern. Komm herauf und ruh dich aus.« Aber sie waren noch nicht lange zusammen, als sie das Ungeheuer in der Mitte des Sees toben sahen.

Der Jüngling legte sich neben der Königstochter nieder, und er sagte zu ihr: »Wenn ich schlafe, ehe das Ungeheuer hier ist, wecke mich.« »Was meinst du mit Wecken?« »Ich meine mit Wecken, daß du einen Ohrring abziehst und mir ansteckst.« Er war kaum eingeschlafen, als die Königstochter rief: »Wach auf! Wach auf!«, doch er erwachte nicht; erst als sie den Ohrring abnahm und ihn in das Ohr des Jungen tat. Da fuhr er sofort hoch und trat dem Ungeheuer entgegen. Es gab ein wahrhaft ungeheuerliches Getümmel und Gewühle, Prusten und Plätschern, Toben und Röhren! So gingen die beiden lange Zeit aufeinander los, und gegen Einbruch der Nacht schlug er dem Ungeheuer den zweiten Kopf ab. Er zog ihn auf die Weidengerte, sprang auf das schwarze Pferd und begab sich wieder zu seiner Herde. Die Königstochter ging mit den Köpfen nach Hause. Der General trat ihr in den Weg, nahm ihr die Köpfe ab und sagte, sie müsse wieder behaupten, er habe den Kopf des Ungeheuers abgeschlagen. »Wer außer dir kann den Kopf des Untiers abgeschlagen haben?« fragte sie. So erreichten sie das Haus des Königs mit den Köpfen, und es herrschte große Freude und Zufriedenheit. War der König am ersten Abend schon voller Hoffnung gewesen, so war er jetzt sicher, daß dieser große Held seine Tochter erretten würde, und es gab keinen Zweifel, daß das Ungeheuer morgen auch noch den dritten Kopf verlieren würde.

Etwa zur gleichen Stunde am nächsten Morgen brachen die beiden auf. Der Offizier versteckte sich, wie er es immer tat. Die Königstochter begab sich ans Seeufer. Der Held auf dem schwarzen Pferd traf ein und legte sich neben sie. Sie weckte den Jungen und legte ihm einen zweiten Ohrring an. Doch was gestern noch ein Kampf mit Gebrüll und Getobe gewesen war, wurde heute zu einer wahrlich schrecklichen Schlacht. Doch egal, er nahm dem Monstrum zuletzt auch den dritten Kopf, und das nicht ohne Mühe. Er zerrte das Stück auf die Rute, und sie zog mit den Köpfen nach Hause. Als sie das Haus des Königs erreichten, jubelten alle, und der General sollte die Königstochter am nächsten Tag heiraten. Die Hochzeit war schon im Gange, und alle im Schloß warteten auf den Priester. Doch als der Priester kam, wollte dieser sie nur an den Mann verheiraten, der die Köpfe von der Weidenrute nehmen konnte, ohne die Rute zu zerschneiden. »Wer sonst sollte die Köpfe von der Weide nehmen können als der Mann, der sie darauf gesteckt hat?« fragte der König.

Der General versuchte es, doch er vermochte sie nicht zu lösen; und es gab bald überhaupt niemanden im ganzen Haus, der nicht versucht hätte, die Köpfe von der Gerte zu zerren, doch vergeblich. Der König fragte, ob da noch jemand im Hause wäre, der versuchen wollte, die Köpfe von der Weidenrute zu nehmen. Man sagte ihm, der Hirte habe es noch nicht versucht. Der Hirte wurde gerufen und warf im Nu die Köpfe durcheinander. »Aber einen Moment, Jüngling«, sagte die Königstochter, »der Mann, der dem Biest die Köpfe abgeschlagen hat, besitzt meinen Ring und meine beiden Ohrringe.« Der Hirte steckte die Hand in die Tasche und warf die Dinge auf den Tisch. »Du bist mein Mann«, sagte die Königstochter. Der König war nicht sehr erfreut, daß ein Hirte seine Tochter heiraten sollte, doch er befahl immerhin, man möge ihn besser einkleiden. Seine Tochter erhob Einspruch und sagte, er habe einen Anzug, der so prächtig sei, wie man nur je in diesem Schloß gesehen hätte. Da legte der Hirte das goldene Gewand des Riesen an, und sie heirateten noch am selben Abend.

Sie waren nun verheiratet, und alles stand zum besten. Da ritten sie eines Tages am Seeufer entlang, als plötzlich ein noch viel schrecklicheres Ungeheuer auftauchte und ihn furchtlos und ohne viel Federlesens entführte. Die Königstochter war außer sich vor Kummer und Tränen und blinder Trauer um ihren Mann; sie konnte den Blick nicht mehr von dem See wenden. Ein alter Schmied begegnete ihr, und sie erzählte, was ihrem Mann widerfahren war. Der Schmied riet ihr, ihre wertvollsten Dinge an der Stelle auszubreiten, wo das Ungeheuer ihren Mann entführt hatte; und das tat sie. Das Ungeheuer steckte die Nase aus dem Wasser und sagte: »Deine Juwelen sind schön, Königstochter.« »Viel schöner noch ist das Juwel, das du mir fortgenommen hast«, sagte sie. »Gönn mir einen Blick auf meinen Mann, und du bekommst ein Ding von diesen Gegenständen, die du hier siehst.« Das Ungeheuer hielt ihn hoch. »Bring ihn mir, dann bekommst du alles, was du siehst«, sagte sie. Das Ungeheuer tat, was sie sagte, und warf ihn lebendig und ganz ans Seeufer.

Als sie kurze Zeit danach am See ausschritten, entführte dasselbe Ungeheuer die Tochter des Königs. Trauer erfüllte jeden, der an diesem Abend in der Stadt lebte. Ihr Mann war voller Kummer und Tränen und wanderte Tag und Nacht am Seeufer auf und ab. Da kam auch ihm der alte Schmied entgegen. Der Schmied sagte, es gebe nur eine Möglichkeit, das Uile Bheist zu töten – und hier sei sie: Auf der Insel, die in der Seemitte liegt, befinde sich Eillid Chaisfhion – die weißfüßige Hirschkuh mit den schmalsten Beinen und den schnellsten Hufen, und würde sie gefangen, spränge ihr eine Nebelkrähe aus dem Leib, und würde auch die Krähe gefangen, entspränge ihr eine Forelle, doch im Mund der Forelle befände sich ein Ei, und die Seele des Ungeheuers läge in dem Ei, und wenn das Ei zerschlagen würde, wäre das Ungeheuer tot.

Nun gab es keine Möglichkeit, zu der Insel zu gelangen, denn das Monstrum versenkte jedes Boot oder Floß, das sich auf den See wagte. Er gedachte die Wasserstraße mit dem Pferd zu überspringen, und das tat er sogar. Das schwarze Pferd übersprang das Wasser, und der schwarze Hund setzte ihm mit einem Satz nach. Er sah die Eillid und ließ den schwarzen Hund hinter ihr herjagen, doch wenn der schwarze Hund auf einer Seite der Insel war, befand sich Eillid auf der anderen. »Oh! Wie schön, wenn jetzt der große Hund von dem toten Schaf hier wäre!« Kaum hatte er die Worte ausgesprochen, da war der dankbare Hund schon an seiner Seite und setzte der Eillid nach, und es dauerte nicht lange, da hatten die beiden Hunde das Tier gestellt. Doch kaum hatten sie es gepackt, als eine Nebelkrähe aus seinem Leib sprang. »Wie schön, wenn jetzt der graue Falke mit dem schärfsten Auge und dem schnellsten Flügel hier wäre!« Kaum hatte er die Worte ausgesprochen, da war der Falke schon hinter der Nebelkrähe her, und es dauerte nicht lange, bis er sie gestellt hatte; und als die Krähe am Seeufer niederstürzte, sprang ihr die Forelle aus dem Leib. »Oh wärst du nun bei mir, Otter!« Kaum gesagt, war der Otter schon an seiner Seite, sprang ins Wasser und holte die Forelle mitten aus dem See; doch kaum war der Otter mit der Forelle an Land, als das Ei aus ihrem Maul rollte. Er sprang hinzu und stellte den Fuß darauf. In diesem Augenblick stieß das Ungeheuer ein Gebrüll aus und sagte: »Zerbrich das Ei nicht, dann bekommst du alles, was du willst.« »Gib mir meine Frau zurück!« Im Nu stand sie wieder neben ihm. Als er ihre Hand mit beiden Händen umschloß, zerdrückte er mit seinem Fuß das Ei, und das Ungeheuer starb.

Das Biest war nun tot, aber was für ein Anblick! Es war ein schreckliches Wesen. Die drei Köpfe waren ihm zwar abgeschlagen, doch dann gab es andere Köpfe darüber und darunter und Augen und fünfhundert Füße. Doch wie dem auch sei, sie ließen die Kreatur dort liegen und gingen nach Hause, und an diesem Abend herrschten im Haus des Königs endlich wieder Freude und Gelächter. Bis jetzt hatte er dem König ja noch nicht erzählt, wie er die Riesen getötet hatte. Der König überhäufte ihn mit Ehren, und sie waren von Stund an große Freunde.

Eines Tages gingen er und seine Frau spazieren, als er in einem Wäldchen am See ein kleines Schloß bemerkte; er fragte seine Frau, wer darin wohne. Sie erwiderte, daß die Leute nicht in die Nähe des Schlosses gingen, denn bisher sei niemand von dort zurückgekehrt, um darüber zu berichten.

»Das darf nicht so bleiben«, sagte er. »Noch heute nacht werde ich nachschauen, wer dort wohnt.« »Geh nicht, geh nicht!« sagte sie. »Bisher ist noch niemand aus dem Schloß zurückgekehrt.« »Das mag schon so sein«, erwiderte er. Er zog los und begab sich zu dem Schloß. Als er die Tür erreichte, erwartete ihn ein zittriges altes Weib auf der Schwelle. »Segen und viel Glück für Euch, Fischerssohn; ich freue mich, Euch zu sehen; groß ist die Ehre für dieses Königreich, daß ein Mann wie Ihr hierhergekommen ist – und daß Ihr nun hier seid, ist Ruhm und Ehre für diese kleine Hütte; die Ehre gebührt dem Ehrenmann; geht voraus und ruht Euch aus.« Er trat ein, doch als er hinaufstieg, zog sie den Slachdan Druidhach und schlug ihn damit auf den Hinterkopf, daß er sofort niedersank.

An diesem Abend herrschte Trauer im Schloß des Königs, und am Morgen begann das Klagen im Haus des Fischers. Der Baum hatte zu verdorren begonnen, und der mittlere Sohn des Fischers sagte, sein Bruder sei tot. Er schwor, er wolle losziehen, die Leiche des Bruders suchen. Er sattelte ein schwarzes Pferd und folgte seinem schwarzen Hund (denn die drei Söhne des Fischers hatten jeder ein schwarzes Pferd und einen schwarzen Hund); ohne vom Wege abzuweichen, folgte er der Spur seines Bruders, bis er das Haus des Königs erreichte.

Dieser junge Mann ähnelte seinem älteren Bruder so sehr, daß die Königstochter ihn erst für ihren Mann hielt. Man lud ihn ins Schloß und berichtete ihm, was seinem Bruder widerfahren war. Da wollte er unbedingt zu dem kleinen Schloß der alten Frau gehen – was auch geschehen mochte, er mußte dorthin. Und zum Schloß brach er auf; und wie es schon dem ältesten Bruder widerfuhr, so geschah es dem mittleren. Mit einem Schlag des Slachdan Druidhach fällte ihn das alte Weib, so daß er neben seinem Bruder niederfiel.

Als er den zweiten Baum verdorren sah, sagte der jüngste Sohn des Fischers, daß nun seine beiden Brüder tot wären und er wissen müsse, welchen Tod sie erlitten hätten. Auf dem schwarzen Pferd ritt er von dannen und folgte dem Hund, wie schon zuvor seine Brüder. Er ruhte nicht eher, bis er das Haus des Königs gefunden hatte. Der König freute sich, ihn zu sehen, nur zum Schwarzen Schloß (wie es genannt wurde) wollte man ihn nicht ziehen lassen. Doch er wollte unbedingt zu dem Schloß reiten; und so kam er dorthin. »Segen und Glück für Euch, Fischerssohn – es freut mich, Euch zu sehen; tretet ein und schöpft Atem«, sagte die alte Frau. »Aber mir voraus, Frau; mir gefällt Schmeichelei an der Tür nicht; tritt ein und laß hören, was du zu sagen hast.« Und die alte Frau trat zuerst ein. Kaum hatte sie ihm den Rücken zugekehrt, zog er sein Schwert und schlug ihr den Kopf ab, doch das Schwert flog ihm aus der Hand. Und hurtig packte das alte Weib mit beiden Händen ihren Kopf und setzt ihn sich wie zuvor auf den Hals. Der Hund sprang die Frau an, sie schlug aber das mutige Tier mit dem Zauberknüppel nieder; da lag er nun am Boden. Doch dies machte den Jüngling nicht gerade ruhiger. Er begann mit der alten Frau zu ringen; er ergriff den Slachdan Druidhach, und nach einem Schlag auf den Kopf lag sie augenblicklich am Boden. Er ging weiter, ein Stück die Treppe hinauf, und fand seine beiden Brüder nebeneinander liegen. Er gab jedem mit dem Slachdan Druidhach einen Schlag, da waren sie wieder auf den Füßen. Und was für ein Schatz sich anfand im Schloß der Alten! Gold und Silber, und ein Ding kostbarer als das andere. Sie kehrten zum Haus des Königs zurück, und dort herrschte eitel Freude. Später wurde der älteste Sohn des Fischers zum König gekrönt; die beiden anderen Brüder blieben ein gutes Jahr im Schloß und traten dann ihre Rückreise an, mit Gold und Silber der alten Frau und manch anderem großen Geschenk des Königs beladen; und wenn sie nicht gestorben sind, so leben sie noch heute.

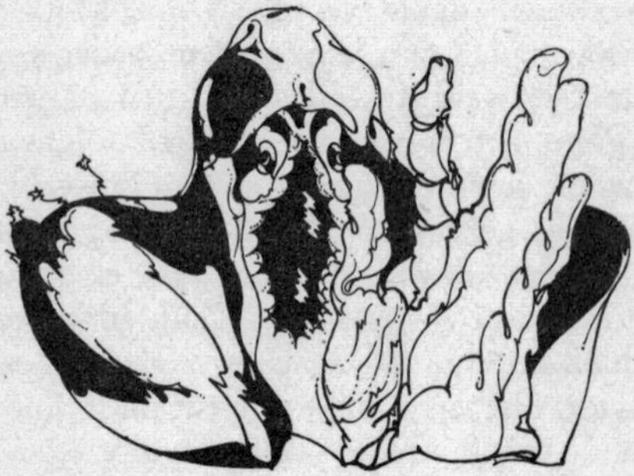

Das Ende des Soulis

JOHN MACKAY WILSON

Einem geographischen Lexikon könnte man entnehmen, daß Denholm ein Dorf ist, in hübscher Umgebung an den Ufern des Teviot gelegen, etwa auf halbem Wege zwischen Jedburgh und Hawick, im Pfarrbezirk Cavers; und ist das Lexikon neueren Datums, verzeichnet es sicher auch, daß Denholm die Ehre hat, Geburtsort von Dr. Leyden zu sein. Es war ziemlich früh an einem Sommermorgen vor einigen Jahren, als ein junger Mann, ein Fremder mit einer Angelrute in der Hand und einem Fischkorb auf den Schultern, das Dorf betrat. Er blieb mitten zwischen den Häusern stehen und sagte, indem er sich umdrehte: »Dies also ist der Geburtsort von Leyden, dem Genie, dem Märtyrer der Bildung, dem Freund Scotts!«

Erst wenige Dorfbewohner waren auf den Beinen, und den ersten, den er traf – er trug einen Spaten über der Schulter und schien ein Grabenbauer zu sein –, fragte er, ob er ihm das Haus zeigen wollte, in dem der Dichter und Gelehrte geboren sei.

»Oh, aie, Sir«, sagte der Mann. »Das kann ich; ich zeig's Euch sofort, und sehr gern zeig ich's Euch.«

»Das ist gut«, dachte der Fremde. »Der Prophet ist tot – doch er spricht noch und wird geschätzt in seinem eigenen Lande.«

Der Grabenbauer führte ihn über den Dorfplatz und um die Ecke eines Gebäudes, das als Schule bezeichnet wurde und neu errichtet war, ging auf ein bescheidenes Häuschen zu, das nur ein Stockwerk hoch war und einem Mühlenbauer als Werkstatt diente. Und wieder freute sich der Fremde, daß der Bewohner sein Haus um des Dichters willen wertschätzte, daß er das Genie dessen ehrte, der hier geboren war.

»Verwünscht!« sagte der Fremde und gebrauchte einen beliebten Ausdruck des armen Leyden. »Heute fische ich nicht.«

Und ich wundere mich nicht über diese Worte; denn es geschieht nicht jeden Tag, daß wir unter dem Strohdach – oder sonstwie gearteten Dach – stehen, unter dem ein Mann geboren wurde, dessen Name in unauslöschlichen Lettern auf den Flügeln der Zeit verzeichnet steht, bis sich jene Flügel in die

Dunkelheit der Ewigkeit senken.
Der Fremde folgte dem Lauf des Teviot und dachte dabei oft an Leyden und seine Schriften und zitierte von Zeit zu Zeit ganze Passagen vor sich hin. Er vergaß fast, daß er eine Angelrute in der Hand hielt – sein Blick folgte so gar nicht der Fliege, und sein Erfolg war, überflüssig anzumerken, dementsprechend gering.
Gegen Mittag setzte er sich ganz allein an das grüne Ufer, um sein Brot zu essen; er legte eine kleine Flasche neben sich, die Alkohol enthielt, wie sie fast jeder Angler mitführt. Aber nicht lange hatte er dort gesessen, als ein ehrwürdiger alter Mann ihn grüßte:
»Ein guter Tag, Sir.«
Der alte Mann stand vor ihm. Seine Erscheinung hatte etwas Einnehmendes; er hatte ein wettergegerbtes Gesicht und dünnes weißes Haar, blaue Augen, die etwas von ihrem früheren Glanz eingebüßt hatten, und ziemlich gebeugte Schultern. Er schien ein Mann zu sein, der gewiß weder reich noch wohlhabend war, doch der sich mit der Welt eingerichtet hatte, und die Welt mit ihm.
Sie begannen ein Gespräch und setzten sich zusammen. Der alte Mann schien zu jenen Leuten zu gehören, wie man sie oft in abgelegenen Gebieten findet, die noch den alten Traditionen verhaftet sind und noch mit dem Aberglauben leben. Ich möchte hier nicht unterstellen, daß der Aberglaube in den Grenzgebieten größere Blüten treibt als in anderen Teilen Englands und Schottlands, auch nicht, daß die Bewohner des Nordens in der damaligen Zeit für ihren Aberglauben so bekannt waren, wie sie es jetzt für ihre Intelligenz sind; denn jede Nation hatte ihre abergläubischen Vorstellungen, und ich bin überzeugt, daß sich die meisten auf einen gemeinsamen Ausgangspunkt zurückführen lassen. Doch wenn sie auch den gleichen Ursprung haben, so verändern sie sich doch mit dem Charakter einer Nation oder einer Landschaft. Die Menschen haben sich ihren Aberglauben stets unbewußt so umgestaltet, wie er ihnen am besten paßte, obwohl die Wirkungen der Phantasie sie weiter schreckten. Es steckte deshalb etwas Charakteristisches in den Legenden unserer Vorväter, die diese als Tatsachen ansahen. Die Schlauen täuschten die Unwissenden, die Unwissenden waren willens, sich über etwas hinwegzutäuschen – und was wir jetzt als cleveren Trick eines Hokuspokusmannes belachen, wurde vor kaum einem Jahrhundert

als Wunder empfunden – als etwas, das vom »Fürsten der Luftgeister« bewirkt wurde. Religiöse Vorstellungen, noch von Dunkelheit umgeben, entfachten die sinnlosen Ängste der Menschen; ja, es gibt wenige abergläubische Vorstellungen, mögen sie durch das Böse auch noch so verzerrt sein, die ihre Existenz nicht einer aufflackernden religiösen Idee verdanken. Die Menschen hatten noch nicht das Licht gesehen, das die Seele erhellt und sie zum Wissen führt; aber nach einem vagen Blick auf seine ferne Spiegelung hatten sie sich in den Morast des Irrglaubens gestürzt – und daraus erwuchs der Aberglaube.

Doch ich lasse mich hier zu einer Abhandlung über den Aberglauben unserer Ahnen verführen, was ich nicht tun sollte. Doch es ist unmöglich, eine alte Geschichte aus dem Grenzland niederzuschreiben, ohne dieses Thema zu erwähnen; und wenn ich das schon tue, dann nicht in der Absicht, meinen Lesern die alten Vorstellungen von Zauberei, Hexerei und Geistern einzuflößen, sondern ihnen zu zeigen, was unsere Vorväter glaubten und taten. Ohne Umschweife will ich daher meine Anmerkungen abschließen und einfach nur festhalten, daß sich der junge Fremde, in Gedanken noch immer mit Leyden beschäftigt, nach einer Weile an den Alten wandte und fragte:

»Habt Ihr Dr. Leyden gekannt, Sir?«

»Ihn gekannt!« sagte der alte Mann. »Vor fünfzig Jahren hab ich neben seinem Vater mehrere Monate lang mein Tagwerk verrichtet!«

Sie setzten ihr Gespräch eine Zeitlang fort, und der junge Mann erkundigte sich bei dem Greis, ob ihm Leydens Ballade über ›Lord Soulis‹ vertraut sei.

»O ja, ich habe den einen oder anderen Vers des Liedes gehört, Sir«, sagte der alte Mann. »Und ich bin sicher, jeder kennt die Geschichte. Aber solltet Ihr nicht ganz damit vertraut sein, freut's mich sehr, sie Euch hören zu lassen; eine bemerkenswerte Geschichte ist das – und ebenso wahr, darauf könnt Ihr mein Wort nehmen, so wahr ich jetzt diese Flasche an die Lippen hebe.«

Und mit diesen Worten setzte der alte Mann die Flasche an den Mund, und nachdem er einen tüchtigen Fischerzug getan hatte, fuhr er fort:

»Also, Sir, dann will ich Euch die Geschichte von Lord Soulis erzählen. Ihr habt sicher schon von Schloß Hermitage gehört, welches am Fluß des gleichen Namens steht, gar nicht weit

von Hawick entfernt. In den Tagen des großen und guten Königs Robert Bruce lebte Lord Soulis* in dem Schloß. Er war ein Mann, der überall Angst und Schrecken verbreitete. Er hatte die Kraft eines Riesen, den bösen Blick** und das Herz eines Dämons; und er hatte seinen Schutzgeist*** in einer Truhe eingeschlossen.
Adlige und Bauern erbleichten gleichermaßen, wenn der Name Lord Soulis fiel. Er besiegte die Starken, sein Blick erschöpfte die Gesunden, er unterdrückte die Armen und beraubte die Reichen. Er führte seine Lehnsleute mit eiserner Hand. Von den Ufern des Tweed, des Teviot und des Jed mit ihren Zuflüssen bis über die Lothian-Grafschaften hinaus erhob sich immer wieder lautstarker Protest zum Himmel und zum König. Doch sein Leben war durch einen Zauber geschützt und die Waffen eines Sterblichen vermochten nichts gegen ihn auszurichten.«
Die Ernsthaftigkeit, mit der der Erzähler diese Worte vorbrachte, zeigte mir an, daß er ganz im Bann dieser Geschichte stand und an den Zauberer Lord Soulis glaubte.
»Er war ein Mann von großer Gestalt und überragender Kraft. Er hatte auch Königsblut in den Adern und beanspruchte die Krone Schottlands – in Rivalität zu Bruce. Doch zwei Dinge beunruhigten ihn: das eine war, daß er sich die Krone Schottlands aufs Haupt setzen wollte; das andere, daß er die Hand eines hübschen und reichen Mädchens namens Marion zu erringen wünschte, die gerade Anstalten machte, sich mit Walter, dem jungen Erben von Branxholm, zu vermählen, dem tapfersten und kühnsten jungen Mann im ganzen Grenzgebiet. Soulis hatte nicht nur ein grausames Herz, sondern dieses Herz war auch voll düsterer Gedanken; und um sein Ziel zu erreichen, begab er sich in die Verliese unter seinem Schloß, mitten in der Nacht, damit niemand ihn die ›namenlose Tat‹ verrichten sehe. Er trug eine kleine Lampe in der Hand, die ein schwaches Licht verbreitete wie ein Glühwürmchen in einer Gruft; und als er hinabstieg, verschloß er die Türen hinter sich. Auf dem Arm trug er eine Katze; ihm folgte verschüch-

* Er war auch Besitzer von Eccles in Berwickshire und wurde nach geschichtlicher Überlieferung in der Stadt Berwick verhaftet; doch die Legende sagt etwas anderes.
** Wohl kein Aberglaube ist weiter verbreitet als der Glaube an die Faszination des bösen Blicks, und wie ich leider feststellen muß, hat diese Absurdität noch immer ihre Anhänger.
*** Jeder Zauberer besaß angeblich einen Schutzgeist, der ihn begleitete; Soulis hielt den seinen angeblich in einer Truhe.

tert ein Hund, und vor sich trieb er einen jungen Stier, der ›noch nie das Gras gekostet‹ hatte. Er betrat das tiefe, dunkle Gewölbe und rief mit lauter Stimme:
›Geist der Dunkelheit! Ich komme!‹
Er stellte die schwache Lampe mitten im Verlies auf den Boden; und mit einer Spitzhacke, die er bereitgestellt hatte, hob er ein Loch aus und begrub die Katze bei lebendigem Leibe; und als das arme erstickende Wesen miaute, rief er noch lauter:
›Geist der Dunkelheit! Komm!‹
Dann sprang er auf das Grab des noch lebenden Tiers, packte zugleich den Hund am Hals und schleuderte ihn heftig gegen die Wand zu seiner Linken. Dort lag das Tier dann auf dem Boden, unfähig sich zu erheben, und heulte langgezogen und jämmerlich. Nun stieß Soulis sein Messer in die Kehle des jungen Stiers, und während sich sein Brüllen mit dem Geheul des sterbenden Hundes vermischte, fing er inmitten der blauen Dunkelheit des Gewölbes das Blut mit den Händen auf, wanderte durch den Raum, sprengte es aus und rief mit lauter Stimme:
›Geist der Dunkelheit! Höre mich!‹
Wieder grub er ein Loch, ergriff das sterbende Tier und schleuderte es ins Grab, und erneut stöhnte er, während ihm der Schweiß auf der Stirn stand:
›Komm, Geist, komm!‹
Er nahm ein Hufeisen, das jahrelang im Gewölbe gelegen hatte und in der Familie nur das *Gespenstereisen* hieß, nagelte es schief an die Tür, und mit dem letzten Hammerschlag auf den Nagel rief er erneut: ›Geist! Ich befehle dir, komm!‹
Nun trat er in die Mitte des Raums, streute neunmal eine Handvoll Salz um sich aus, wobei er jedesmal rief:
›Geist! Erhebe dich!‹
Dann schlug er dreimal neunfach mit den Händen auf eine Truhe, in der Mitte des Verlieses, neben seinen Füßen die schwache Lampe, und bei jedem Schlag rief er:
›Erhebe dich, Geist! Erhebe dich!‹
Als er diese Dinge getan und siebenundzwanzigmal gerufen hatte, begann sich der Deckel der Truhe zu bewegen, und es erhob sich eine schreckliche Gestalt mit einer roten Mütze* auf dem Kopf, die keinem Lebewesen im Himmel oder auf der

* Rotmütz – so wurden im Schottischen Gespenster genannt, die Schlösser heimsuchten.

Erde ähnelte und die mit hohler Stimme fragte:
›Was willst du, Soulis?‹
›Macht, o Geist! Macht!‹ rief er, ›auf daß meine Augen ihre Wünsche erfüllt sehen, auf daß jede menschengeschaffene Waffe ohne Wirkung auf meinen Körper bleibt, so wie das schwache Licht eines abnehmenden Mondes!‹
›Dein Wunsch sei dir gewährt, Sterblicher!‹
grollte der Unhold. ›Morgen abend wird die junge Braut des jungen Branxholm in deinem Gemach sitzen und sein Schwert wird verbogen von deiner Brust abprallen, als hätte er gegen einen Fels geschlagen. Leb wohl! Ruf mich erst in sieben Jahren wieder, auch öffne die Tür des Verlieses nicht mehr, doch dann klopfe dreimal gegen die Truhe, und ich werde dir antworten. Nun fort! Folge deinem sündigen Weg und erringe dein Glück, *doch nimm dich vor einem kommenden Wald in acht!*‹
Mit lautem Geräusch fiel der Deckel der schweren Truhe zu, der Geist war verschwunden, und aus dem Boden des Verlieses erscholl ein dumpfes Geräusch wie der Widerhall eines Donnerschlages. Soulis nahm die flackernde Lampe auf und verschloß die Eisentür, ohne sich um den sterbenden Hund zu kümmern, der noch in der Ecke heulte, wohin er ihn geschleudert hatte. Und Soulis bewahrte den mächtigen Schlüssel an seinem Herzen.
Am Morgen kamen seine Lehnsleute zu ihm und baten ihn auf Knien, die Last ihrer Knechtschaft zu erleichtern; doch er belachte ihr Flehen nur und antwortete ihnen mit Schlägen. Er unterdrückte die Witwen und verfolgte die Waisen, er trotzte den Mächtigen und trampelte auf den Schwachen herum. Seine Name verhieß Angst und Schrecken, wo immer er ausgesprochen wurde, und es gab in ganz Schottland keinen, der mehr gefürchtet wurde als Zauberer Soulis, Lord von Hermitage.
Am Morgen ritt er mit zwanzig auserwählten Männern los, und wo sie auch vorbeikamen, an Schloß oder Bauernhaus — wer ein Gegner Soulis' war oder ihm das Anrecht auf die Krone absprach, dem wurde das Dach über den Kopf angezündet oder das Vieh getötet, oder Soulis verstreute den Staub von eines toten Mannes Hand, auf daß die Maul- und Klauenseuche ausbreche.
Doch als sie am Ufer des Teviot dahinritten, erblickte er die hübsche Marion, die Braut des jungen Walter, des Erben von

Branxholm, wie sie mit ihren Mädchen auf der Jagd nach Rotwild dahingaloppierte.
›Das ist das Zeichen, Geist‹, murmelte Soulis erfreut. ›Du hast nicht gelogen – heute abend wird die Braut des jungen Branxholm in meinen Gemächern sein!‹
Er gab seinem Pferd die Sporen, und obwohl Marion und ihre Gefolgschaft die Jagd aufgaben und bei seinem Anblick flohen, ritt er doch nach wenigen Sekunden neben Marion, als habe der Schutzgeist die Hufe seines Pferdes beflügelt. Er hob den Arm und zog sie zu sich in den Sattel, während ihr Pferd in höchstem Tempo ohne die hübsche Reiterin weiterfloh.
Sie schrie laut auf und wehrte sich heftig, doch ihr Gefolge war geflohen, und sie war in seiner schrecklichen Umarmung schwach wie ein Schmetterling. Er drückte sie auf den Sattel vor sich.
›Marion! Hübsche Marion‹, sagte der Zauberer und rohe Liebhaber. ›Schrei nicht – wehr dich nicht – sei ruhig und hör mich an. Ich liebe dich, meine Hübsche! Ich liebe dich!‹ Und grob preßte er seine Lippen auf ihren Mund. ›Das Schicksal hat es so bestimmt, daß du mein wirst, Marion, und keine menschliche Macht kann dich mir wieder nehmen. Weine nicht – wehr dich nicht. Hörst du nicht, ich liebe dich – ich liebe dich bis zum Wahnsinn, Mädchen, wie eine Wölfin ihre Jungen. So wie ein Fluß dem Meer entgegenstrebt, so bin ich dir gefolgt, Marion, und jetzt bist du mein – das Schicksal hat dich mir gegeben, und deine schöne Wange soll an einem männlicheren Busen ruhen als an dem des bartlosen Erben von Branxholm!‹ Mit diesen Worten und sie noch immer umklammert haltend, trieb er sein Pferd an und ritt mit seinem Gefolge im Galopp auf Schloß Hermitage.
Er schloß die sanfte Marion in eine Kammer ein, er ›umwarb sie, wie ein Löwe seine Braut umwirbt‹.
Sie weinte, rang die Hände und raufte sich das rabenschwarze Haar, das ihr wirr über das Gesicht und auf die Schultern hing. Sie flehte ihn an, sie zu schonen, sie freizulassen; doch als sie ihre Tränen verschwendet und ihr Bitten vergeblich fand, trotzte sie ihm und flehte die Rache des Himmels auf ihn herab. In solchen Augenblicken stand der Tyrann und berühmte Zauberer ehrfürchtig und bestürzt vor ihr. Denn die Majestät der Jugend und die Heiligkeit der Unschuld haben etwas ganz besonderes, wenn sie aus den Augen einer ge-

kränkten Frau blitzen – etwas, das jede Bosheit schwächt und ihre Absichten zunichte macht, als habe der Himmel all seine Kraft hergegeben, um die Schwachen zu verteidigen.

Doch ermüdet von seinen Bemühungen und Drohungen, die ohne Wirkung geblieben waren, nahm er sie in der dritten Nacht, die sie in seinem Schloß verbrachte, in die Arme und trug sie, während seine Lehnsleute schliefen, in das verhexte Verlies, auf daß der Geist seinen Zauber über sie werfe und sie zwinge, ihn zu lieben. Er schloß die massive Tür auf. Das schwache Heulen des Hundes tönte noch aus einer Ecke des Kellers. Er stellte die Lampe auf den Boden. Noch immer hielt er die sanfte Marion fest, und ihr Entsetzen hatte fast alle Gegenwehr erlahmen lassen. Er schlug sich mit der geballten Faust auf die mächtige Brust und rief laut: ›Geist! Zeige dich!‹

Dreimal wiederholte er den Schlag – dreimal wiederholte er laut den Befehl. Doch der Geist folgte seinem Ruf nicht. Marion wußte von den Gerüchten über seine Zauberkräfte – sie wußte davon und glaubte sie –, Entsetzen raubte ihr das Bewußtsein. Als sie zu sich kam, befand sie sich wieder in der Kammer, in die sie zuvor schon eingeschlossen gewesen war, doch Soulis war nicht bei ihr. Sie versuchte ihrer Ängste Herr zu werden, sie kniete nieder und betastete ihren Rosenkranz und betete darum, daß Walter zu ihrer Befreiung entsendet werden möchte.

Kaum war der Tag angebrochen, da traf der junge Erbe von Branxholm, dessen Bogen kein anderer zu spannen vermochte und dessen Schwert im Kampfe gefürchtet war, mit zwanzig Bewaffneten vor Schloß Hermitage ein und verlangte mit Lord Soulis zu sprechen. Der Wächter blies in sein Horn, Soulis und sein Gefolge traten heraus und blickten über die Brustwehr.

›Was willst du, Kleiner‹, fragte der bekannte Zauberer, ›daß du schon vor Sonnenaufgang den Löwen in seiner Höhle aufsuchst?‹

›Ich komme‹, erwiderte der junge Walter kühn, ›im Namen unseres guten Königs und mit seiner Vollmacht und fordere, daß du die mir versprochene Braut heil und unversehrt herausgibst – sonst erwartet dich schlimme Rache.‹

›Rache, Bürschchen!‹ erwiderte der Zauberer. ›Wer wagt es, dem Hause von Soulis Rache anzudrohen? Und wen nennst du überhaupt König? Die Krone gehört mir – deine Braut

ist mein, und auch du wirst mir gehören – und den Tod eines Hundes wirst du sterben für deine morgendliche Prahlerei!
Zu den Waffen!‹ rief er, als er von der Brustwehr verschwand, und Minuten später stürmten hundert Männer aus dem Tor.
Sir Walters kleine Armee zauderte, als sie die überlegene Streitmacht der Gegner erblickte, und die Männer fürchteten sich auch vor den Zauberkräften Soulis'. Doch die Hoffnung erwachte erneut in ihnen, als sie den zuversichtlichen Ausdruck auf dem Gesicht ihres jungen Anführers bemerkten, und sie dachten an die Stärke seines Arms und an das Entsetzen, das sein Schwert verbreitete.
Wie hungrige Tiger, die sich auf ihre Beute stürzten, warfen sich Soulis und seine Kämpfer auf Sir Walter und sein Gefolge. Kein Mann vermochte vor dem Schwert des Zauberers zu bestehen. Die Gegner waren ohnmächtig vor seiner ungeheuren Kraft. Sogar Walter bestaunte das Gemetzel, das er anrichtete, und er drängte vor, um sich im Schwertkampf mit ihm zu messen. Doch ehe er ihn erreichte, flohen seine Gefolgsleute, die der Hand des Soulis entkommen waren, und überließen es ihm, den Kampf allein fortzuführen. Bis auf drei Mann setzten des Zauberers Vasallen den Flüchtenden nach; und gegen diese drei und ihren verzauberten Herrn mußte der junge Walter den ungleichen Kampf bestehen. Aber als sie ihn umringten, rief Soulis: ›Zurück!‹ Er vertraute auf seine Stärke und seinen Zauber. ›Nur von meiner Hand darf Branxholms junger Prahlhans sein Geschick erfahren! Es ziemt sich, daß ich seinen Kopf meiner Braut, der schönen Marion, als Spielzeug übergebe.‹
›Deine Braut, Unhold!‹ rief Sir Walter. ›Dein – so stirb!‹ Und er griff ihn wütend an.
›Ha! Ha!‹ rief Soulis und lachte über das Ungestüm seines Gegners, während er dessen Vorstöße parierte, ›nimm Binsen als Waffe, Kleiner; Stahl schadet mir nicht!‹
›Widerlicher Zauberer!‹ rief Walter aus und bedrängte ihn noch heftiger. ›Dieses Schwert wird deinen Bann brechen!‹
Wieder lachte Soulis, doch er stellte fest, daß ihm seine Verachtung nichts nützte, denn der Feind war ihm ebenbürtig, und indem er seine wilden Angriffe zurückschlug, vergaß er fast den Zauber, der seinen Körper unverletzlich machte. Lange und verzweifelt kämpften sie, bis schließlich einer der Anhänger von Soulis unbemerkt seinen Speer in die Flanke

von Sir Walters Pferd trieb. Es stieg auf die Hinterhand, stolperte und riß ihn stürzend zu Boden.
›Ein Pfeilschuß!‹* rief Soulis. ›Wie kannst du es wagen, Bursche, dich mit mir anzulegen?‹ Und indem er sich plötzlich von seinem Pferd schwang, drückte er den eisernen Stiefelabsatz gegen die Brust seines Gegners und zeigte mit seiner Schwertspitze auf dessen Hals. ›Noch wirst du nicht sterben‹, grollte er und sagte zu seinen drei Helfern, die ihm nicht gefolgt waren: ›Hierher – fesselt ihn schnell und fest.‹
Dann hielten ihn die drei am Boden fest und banden ihm Hände und Füße, während Soulis das blanke Schwert über ihn hielt.
›Feigling und Zauberer!‹ rief Walter, als sie ihn durch das Tor zerrten. ›Du wirst deinen schlimmen Verrat noch bereuen!‹
›Ha! Ha! Lächerlicher Prahlhans!‹ erwiderte Soulis. ›Nein, du wirst deine Kühnheit schon bereuen.‹
Er ließ Walter durch seine Gefolgsleute in die Kammer tragen, in der die hübsche Marion eingeschlossen war, und er packte ihn am Hals, während er das Schwert auf seine Brust setzte, zerrte ihn zu ihr hin und sagte streng: ›Willige nun ein, Mädchen, die meine zu werden, dann darf dieser Bursche weiterleben; wenn du aber ablehnst, rollt sein Kopf als Spielzeug vor dir auf den Boden.‹
›Ungeheuer!‹ rief sie und schrie laut auf. ›Würdest du meinem Walter etwas antun?‹
›Ha! Meine Marion! Marion!‹ rief Walter und versuchte sich zu befreien. Dann betrachtete er Soulis mit wildem Blick. ›Vernichte mich, Unhold‹, fügte er hinzu, ›doch schone sie!‹
›Überleg dir's, Mädchen!‹ rief der Zauberer und hob sein Schwert. ›Das Leben deines guten Bräutigams hängt an deinem Wort. Aber du hast bis Mitternacht Zeit, dir alles zu überlegen. Wirst du dann mein, geschieht dir und ihm nichts; doch auf jeden Fall wirst du dann einen Mann erringen – und nicht dieses Kind, das er dir in Fesseln gebracht hat.‹
›Verflucht sollst du sein, böser Zauberer!‹ rief Walter. ›Wären meine Hände frei, würde ich mich aus deinem Gefängnis befreien, so unbewaffnet wie ich bin – trotz deiner Waffe und deiner Leute!‹

* Wenn plötzlich Vieh starb, nahm man an, ein Pfeilschuß sei daran schuld – man glaubte, es sei von dem unsichtbaren Pfeil oder Bolzen eines Zauberers niedergestreckt worden.

Soulis lachte verächtlich und wiederholte: ›Denk drüber nach, hübsche Marion!‹
Dann zerrte er ihren Bräutigam in eine Ecke der Kammer, ließ eine starke Kette kommen und fesselte ihn damit an die Wand; auf die gleiche Weise machte er sie an der entgegengesetzten Seite des Zimmers fest — und die Ketten, mit denen er sie fesselte, waren aus Silber.
Als sie allein waren, sagte Walter: ›Klage nicht, süße Marion, und denk nicht daran, mich zu retten — vor morgen früh sind unsere Freunde hier, dich zu befreien; und wenn ich auch der Rache des Zauberers zum Opfer fiele, bewahre mich als Bräutigam in deiner Erinnerung.‹
Marion weinte bittere Tränen und sagte, sie wolle mit ihm sterben.
Den ganzen Tag über war Lord Soulis seltsam beunruhigt, und die Vorahnung eines Unglücks bedrückte sein Herz. Er wanderte auf den Wehrmauern seines Schlosses hin und her und hielt besorgt nach seinen Gefolgsleuten Ausschau, die den Anhängern von Branxholms Erben gefolgt waren. Doch die Sonne ging unter und das Zwielicht brach an, und noch immer kamen sie nicht. Es war schon fast Mitternacht, als ein einsamer Reiter sein erschöpftes Pferd auf das Schloßtor zulenkte. Soulis ließ ihn mit eigener Hand in den Hof und fragte hastig und in ängstlichem Ton, noch ehe der Reiter abgestiegen war:
›Wo sind deine Gefährten, Spitzbube? Warum kommst du allein?‹
›Verzeiht mir, Lord‹, sagte der Reiter zögernd, während er abstieg. ›Dein getreuer Lehnsmann ist der Überbringer schlimmer Nachrichten.‹
›Schlimm, Sklave!‹ rief Soulis und versetzte ihm einen Schlag. ›Sprichst du mir von schlimm? Was ist damit? Wo sind deine Gefährten?‹
Der Mann zitterte und fuhr fort: ›Als wir die Leute Branxholms verfolgten, suchten sie Schutz im Wildland von Tarras, und da wir den gewundenen Pfad durch den bodenlosen Morast nicht kannten, wurden Pferde und Männer darin begraben — und wer nicht versunken ist, fiel unter den Schwertern derer, die sie verfolgt hatten, und nur ich bin entkommen.‹
›Und weshalb bist du geflohen, Spitzbube?‹ rief der wütende Zauberer. ›Warum lebst du, um mich an die Schande des Hau-

ses von Soulis zu erinnern?‹ Und wieder schlug er den zitternden Mann, während er sprach.
Er eilte in das verfluchte Verlies hinab und vollzog wieder seine Gesänge, mit ungeduldiger Gebärde und wütendem Gesicht. Dreimal schlug er heftig auf die Truhe, und dreimal rief er ungestüm:
›Geist! Komm heraus! Erhebe dich und sprich mit mir!‹
Der Deckel wurde angehoben, und eine tiefe, wütende Stimme fragte: ›Sterblicher! Warum hast du mich vor der befohlenen Zeit gerufen? Ist dein Wunsch nicht erfüllt worden? Stahl kann dich nicht verwunden, Taue können dich nicht fesseln, Hanf vermag dich nicht zu hängen und auch Wasser dich nicht zu ertränken. Fort mit dir!‹
›Bleib!‹ rief Soulis. ›Füge hinzu: Feuer soll mich nicht verzehren!‹
›Ha! Ha!‹ rief der Geist mit einem Anfall fürchterlichen Gelächters, das sogar den Zauberer zum Zittern brachte.
›*Nimm dich vor einem kommenden Wald in acht!*‹ Und mit lautem Knall fiel der Deckel der Truhe zu, und der Donnerschlag unter seinen Füßen wiederholte sich.
›Nimm dich vor einem kommenden Wald in acht‹, murmelte Soulis vor sich hin. ›Was meint der Unhold damit?‹
Er eilte aus dem Verlies, ohne die Tür hinter sich zu schließen, und als er davonlief, nahm er den Schlüssel von seinem Herzen und warf ihn über die linke Schulter und rief: ›Behalte ihn, Geist!‹
Er schloß sich in seiner Kammer ein, um über die Worte seines Schutzgeistes und die Ausrottung seiner Gefolgsleute nachzusinnen. Er dachte erst wieder im Morgengrauen an Marion und ihren Bräutigam, als er mit beunruhigtem und zornigem Gesicht den Raum betrat, in dem beide angekettet waren.
›Wie steht es, hübsche Maid?‹ begann er. ›Hast du meine Worte wohl bedacht? Wirst du meine willige Braut sein und den jungen Branxholm am Leben lassen? Oder willst du dich weigern und sein glattes Gesicht betrachten, während sein Kopf die Spitze meines wackeren Speeres ziert?‹
›Anstatt daß sie die Deine würde‹, rief Walter, ›hätte ich es lieber, wenn du mich in Stücke schlägst und meinen entstellten Körper deinen Hunden zum Fraße vorwirfst.‹
›Meiner Treu! Gar kein so schlechter Gedanke‹, sagte der Zauberer. ›Vielleicht wird dieser Wunsch dir noch erfüllt. Doch Jüngling, du meinst, ich kenne keine Barmherzigkeit;

ich will dich lehren, daß ich sie kenne – noch dazu in verfeinerter Form. Aber sag mir ehrlich, wäre ich an deiner Stelle und du an der meinen – welches Schicksal würdest du Soulis bestimmen?‹

›Wahrlich‹, erwiderte Walter, ›ich würde dich am höchsten Baum des Branxholm-Waldes aufknüpfen.‹

›Gut gesprochen, junger Wirrkopf‹, erwiderte Soulis. ›Und ich will dir zeigen, daß ich gnädiger bin als du. Du würdest den höchsten Baum für mich aussuchen, *doch ich überlasse dir die Wahl des Baumes, an dem dein Körper hängen soll* und aus dessen Wipfel die Eule ihr Mitternachtslied singen mag und auf dem sich die Raben zum Festmahl versammeln. Und du, hübsches Gesicht‹, fügte er hinzu und wandte sich an Marion, ›wenn du mir deine Hand nicht geben willst, nicht einmal, um ihn zu retten, werde ich, da ich schon nicht dein Mann sein kann, dein Priester sein und deine Hochzeit vollziehen, denn ich werde eure Hände zusammenbinden, und du wirst am Ast neben ihm hängen.‹

›Dafür danke ich dir‹, sagte das Mädchen unerschrocken.

Dann rief er seine vier verbliebenen Waffenknechte zusammen und legte seinen Opfern Riemen um die Hälse. Sie wurden zum Hermitage gezerrt, wo Walter den verhängnisvollen Baum auswählen sollte.

Nun bedeckte aber dichter Nebel das Angesicht der Erde, und die Männer vermochten auf einen halben Bogenschuß vor sich keinen Gegenstand zu erkennen, und ehe sich Soulis dem Wald genähert hatte, in dem er sein grausames Vorhaben in die Tat umsetzen wollte . . .

›Der Wald kommt auf uns zu!‹ rief einer seiner Gefolgsleute.

›Was? – *der Wald kommt!*‹ rief Soulis, und seine Wangen erbleichten, er dachte an die Worte des Dämons: *›Nimm dich vor einem kommenden Wald in acht!‹* – und eine Zeitlang beraubten die Erinnerung daran und der Wald, der vor ihm heranzurücken schien, seinen Arm jeder Kraft und seinen Geist jeder Entschlossenheit. Ehe er sich im Herzen erholte, war er von Angehörigen des Hauses Branxholm umringt, die mit achtzig Männern, jeder einen großen Ast der Eberesche vor sich tragend*, um die Zauberei abzuwehren, laut zu schreien begannen und ihn umringten.

* Es ist möglich, daß die Legende des ›kommenden Waldes‹ aus der Sage um Lord Soulis dieselbe ist, aus der Shakespeare Macbeths Zauber nimmt: »Bis der Birnam-Wald nach Dunsinane kommt.« Die Umstände sind ähnlich.

Die Schnüre, mit denen Marions und Walters Arme gefesselt waren, wurden sofort durchgeschnitten. Doch obwohl die Chancen zwanzig zu eins gegen ihn standen, setzte sich der mutige Soulis gegen alle zur Wehr. Ja, als seine Getreuen längst überwältigt waren, teilte sein Arm als einziger noch Tod und Verderben aus.

Nun war wirklich kein Tag vergangen, da nicht König Robert von Leuten, die im Grenzland lebten, mit Klagen gegen Lord Soulis überhäuft wurde – wegen seiner gesetzlosen Unterdrückung, seiner Grausamkeit und seiner Zauberei. Und eines Tages traten, einer nach dem anderen, mehrere Untertanen vor den Monarchen und beschwerten sich, er habe Krankheiten über ihr Vieh gebracht und ihre Häuser durch Feuer vernichtet und die hübsche Braut des Erben von Branxholm entführt – und sie standen vor dem König und wollten wissen, was aus ihm werden sollte. Nun war der König ihres Drängens und Klagens müde, und er rief mürrisch und ohne nachzudenken aus: *›Kocht ihn, wenn ihr wollt, doch laßt mich mit ihm in Ruhe!‹* Aber

›Es ist der Fluch der Könige, von Sklaven umgeben zu sein,
die ihren Scherz als Auftrag sehen‹,

und als die Feinde Soulis' diese Worte von den Lippen des Königs hörten, eilten sie davon, um sie in die Tat umzusetzen. Sie nahmen einen Weisen mit, der sich im Buch der Zaubersprüche auskannte, und dieser Mann hatte eine Schriftrolle bei sich, auf der das geheime Wissen von Michael dem Zauberer festgehalten war; und sie trafen vor Schloß Hermitage ein, während sein Herr noch allein gegen das Gefolge Branxholms kämpfte, und ihre Schwerter wurden stumpf an seinem Schild, und sein Körper erhielt keine Wunden. Sie schlugen ihn mit den Lanzen zu Boden und versuchten seine Hände und Füße mit Schnüren zu fesseln, doch sein Zauber ließ sie wie Zwirnsfäden reißen.

›Hüllt ihn in Blei‹, rief der weise Mann, ›und kocht ihn darin, gemäß dem Befehl des Königs; denn Wasser und Fesseln haben keine Macht über seine Zauberkraft.‹

Viele liefen zum Schloß und zerrten das Blei von den Türmchen; sie hielten den Zauberer fest und rollten ihn mehrfach in die Bleche ein, bis er hilflos war wie ein Kind. In der Ohnmacht seiner Wut trat ihm der Schaum auf die Lippen. Andere brachten einen Kessel herbei, mit dem er viele seiner Beschwörungen bewirkt haben sollte, und es erhob sich der Schrei:

›Kocht ihn auf dem Ring der neun Steine!‹
Sie schleppten ihn zu der Stelle, wo noch heute die Druidensteine zu sehen sind, und ebenso wird noch auf die beiden Felsen hingewiesen, an denen der Kessel hing. Holzhaufen wurden darunter aufgetürmt und angezündet, und man krümmte den lebendigen Körper von Soulis inmitten des Bleis und stieß ihn in den Kessel, und als die Flammen aufstiegen, wurden Fleisch und Knochen des Zauberers vom kochenden Blei verzehrt. Das war das Ende des Soulis.
Der König entsandte einen Boten, um zu verhindern, daß seine voreiligen Worte in die Tat umgesetzt wurden, doch der kam zu spät.
Nach wenigen Wochen gab es Frohsinn und Musik und eine Hochzeit in den Räumen von Branxholm, und die schöne Marion war die Braut.«

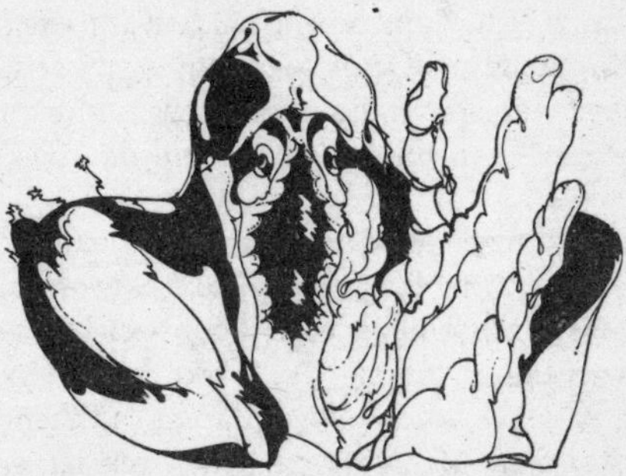

Das Haus im Eld

ROBERT LOUIS STEVENSON

Sobald ein Kind zu sprechen begann, wurde die Fessel angebracht, und die Jungen und Mädchen humpelten bei ihrem Spiel wie Sträflinge herum. Zweifellos war das bei der Jugend noch trauriger anzuschauen und schwerer zu ertragen; doch sogar die älteren Leute waren oft nicht nur ungeschickt auf den Beinen, sondern hatten manchmal auch Geschwüre.

Als Jack etwa zehn Jahre alt war, begannen viele Fremde durch das Land zu reisen. Diese Leute sah er leichtfüßig auf der langen Straße einherschreiten, und das erstaunte ihn. »Wie kommt das nur«, fragte er, »daß die Fremden so gut zu Fuß sind, während wir unsere Fesseln mit herumschleppen müssen?«

»Mein lieber Junge«, erwiderte sein Onkel, der Katechist, »beklage dich nicht über deine Fessel, denn sie ist das einzige Ding, welches das Leben lebenswert macht. Niemand ist glücklich, gut oder ehrwürdig, wenn er nicht gefesselt ist wie wir. Und außerdem muß ich dir sagen, daß das gefährliche Worte sind. Wenn du über dein Eisen murrst, hast du kein Glück; nähmst du es etwa ab, würdest du sofort von einem Blitzschlag getroffen.«

»Haben die Fremden denn keine Blitzschläge?« fragte Jack.

»Jupiter ist geduldig mit den Unwissenden«, erwiderte der Katechist.

»Auf mein Wort, ich wünschte fast, ich wäre weniger glücklich dran«, sagte Jack. »Denn wäre ich unwissend geboren, könnte ich jetzt vielleicht frei ausschreiten; und niemand kann leugnen, daß das Eisen unbequem ist und das Geschwür weh tut.«

»Ah!« rief sein Onkel, »beneide nicht die Heiden! Sie haben ein trauriges Los! Ach, die armen Seelen, wenn sie nur die Freuden des Gefesseltseins erleben könnten! Die armen Seelen, mein Herz blutet für sie. In Wirklichkeit sind sie aber niederträchtige, widerliche, unverschämte, stinkende Unholde, keine wirklichen Menschen – denn was ist ein Mensch schließlich ohne Fesseln? – und man muß sich unter allen Umständen vorsehen, mit ihnen in Berührung zu kommen oder etwa mit ihnen zu sprechen.«

Nach diesem Gespräch ging das Kind an keinem Ungefesselten auf der Straße vorbei, ohne ihn anzuspucken und mit Schimpfnamen zu belegen, wie es auch die anderen Kinder in jener Gegend taten.

Eines Tages, als er fünfzehn Jahre alt war, kam er zufällig in den Wald, und dort schmerzte ihn sein Geschwür. Es war ein schöner Tag mit blauem Himmel und alle Vögel sangen; doch Jack pflegte seinen Fuß. Kurz darauf begann ein anderes Lied; es klang wie der Gesang eines Menschen, nur weitaus fröhlicher; zugleich erklang ein Getrappel von Schritten auf der Erde. Jack bog die Zweige zur Seite und erblickte einen Jungen aus seinem Dorf, der in einer grünen Senke herumsprang und tanzte und vor sich hin sang; im Gras neben ihm lag sein Eisen.

»Oh!« rief Jack. »Du hast ja deine Fessel abgenommen!«

»Um Himmels willen, sag es bloß nicht deinem Onkel!« rief der Junge.

»Wenn du dich vor meinem Onkel fürchtest«, erwiderte Jack, »warum fürchtest du dann nicht den Blitzschlag?«

»Das ist doch nur Altweibergeschwätz!« sagte der andere. »Nur Kinder bekommen das zu hören. Viele von uns kommen hier in den Wald und tanzen ganze Nächte zusammen — und es passiert nichts.«

Dies brachte Jack auf tausend neue Gedanken. Er war ein ernster Junge; er hatte keinen Sinn fürs Tanzen, trug seine Fessel wie ein Mann und versorgte klaglos sein Geschwür. Doch um so weniger mochte er es, betrogen zu werden oder andere betrogen zu sehen. Er begann heidnischen Reisenden aufzulauern — an unübersichtlichen Stellen der Straße und bei Morgendämmerung, damit er ungesehen mit ihnen sprechen konnte; und diese Leute waren sehr eingenommen von dem Fragensteller am Wege und erzählten ihm manche wichtigen Dinge. Das Fesseltragen, so sagten sie, sei bei weitem kein Befehl Jupiters, sondern die Erfindung eines hellgesichtigen Wesens, eines Zauberers, der in diesem Land im Eld-Wald wohnte. Er sei ein Wesen wie Glaucus, der seine Gestalt verändern konnte, und doch könne man ihn immer aufspüren, denn wenn er wütend sei, kollere er wie ein Truthahn. Er hatte drei Leben; doch eine dritte Niederlage würde ihn endgültig besiegen; zugleich würde sein Zauberhaus verschwin-

den, die Fesseln würden abfallen und die Leute im Dorf sich an den Händen fassen und wie Kinder umhertanzen.
»Und in eurem Land?« fragte Jack dann.
Doch diese Frage wehrten die Reisenden jedesmal ab; bis Jack zu vermuten begann, daß es kein Land gab, in dem das absolute Glück herrschte. Oder wenn es so ein Land gab, dann behielt es seine Bewohner vielleicht zu Hause, was eigentlich ganz natürlich war.
Doch die Sache mit den Fesseln beschäftigte ihn weiter. Der Anblick der humpelnden Kinder brannte ihm in den Augen, das Stöhnen der Leute, die ihre Geschwüre verbanden, verfolgte ihn. Da kam ihm schließlich in den Sinn, daß es seine Bestimmung war, sie zu befreien.
In jenem Dorf gab es ein Schwert von himmlischer Herkunft, auf Vulkans Amboß geschmiedet. Es wurde nur im Tempel benutzt und auch dann nur mit der Flachseite; es hing an einem Nagel am Kamin des Katechisten. Eines Nachts erhob sich Jack nach dem Zubettgehen, nahm das Schwert und verschwand bei Dunkelheit aus dem Haus und dem Dorf.
Die ganze Nacht wanderte er drauflos; und als der Tag kam, traf er Fremde, die auf die Felder wollten. Bei ihnen erkundigte er sich nach dem Eld-Wald und dem Zauberhaus, und der eine sagte Norden, der andere Süden, bis Jack erkannte, daß man ihn täuschte. Wenn er sich von nun an nach dem Weg erkundigte, zeigte er dabei sein blankes Schwert, und daraufhin klirrte die Fessel am Fuß des Mannes und antwortete an seiner Statt; und die Botschaft war immer *Geradeaus*. Aber der Mann, dessen Fessel sprach, spuckte Jack an, versuchte ihn zu schlagen und warf ihm Steine nach, wenn er sich entfernte, so daß er am Kopf getroffen wurde.
So erreichte er den Wald, drang tief in ihn ein und er erblickte ein Haus in einer Mulde, wo Fungi wuchsen und die Bäume dicht zusammenstanden und sich der Dunst des Sumpfes auch über das Gebäude erhob. Es war ein hübsches, weitläufiges Haus; einige Teile waren so alt wie die Hügel, andere schienen erst gestern errichtet zu sein, aber keins war vollendet; nach allen Seiten war das Haus offen, so daß man es von überallher betreten konnte. Und doch war es in gutem Zustand, und alle Kamine qualmten.
Jack betrat es von der Giebelseite. Vor ihm erstreckte sich ein Zimmer nach dem anderen, alle nur zum Teil eingerichtet, aber so, daß man hier schon wohnen konnte; und in jedem

brannte ein Feuer, an dem man sich wärmen konnte, stand ein gedeckter Tisch, an dem er essen konnte. Doch nirgendwo sah Jack ein Lebewesen; nur die Körper einiger ausgestopfter Kreaturen.

»Ein gastfreundliches Haus«, dachte Jack. »Aber der Boden muß sumpfig sein darunter, denn es wackelt bei jedem Schritt.«

Er war schon einige Zeit durch das Haus gewandert, als er hungrig zu werden begann. Daraufhin besah er sich die Nahrung und hatte zuerst Angst; doch er zog das Schwert, und im Licht der Klinge schien das Essen in Ordnung zu sein. Also faßte er den Mut, sich zu setzen und zu essen, und erfrischte sich an Geist und Körper.

»Seltsam«, dachte er, »daß im Haus der Zauberei so bekömmliche Speisen stehen.«

Während er noch aß, betrat die Gestalt seines Onkels das Zimmer, und Jack hatte große Angst, weil er doch das Schwert genommen hatte. Doch sein Onkel war noch nie freundlicher zu ihm gewesen, er nahm Platz, um mit ihm zu essen, und pries ihn, weil er das Schwert genommen hatte. Noch nie waren die beiden in angenehmerer Stimmung zusammen gewesen, und Jack war voller Liebe für den Mann.

»Sehr gut von dir«, sagte sein Onkel, »daß du das Schwert genommen hast und ins Eld-Haus gekommen bist; ein guter Gedanke und eine mutige Tat. Aber nun bist du zufriedengestellt, und wir können Arm in Arm zum Abendessen nach Hause gehen.«

»O nein, nein!« sagte Jack. »Ich bin noch nicht zufriedengestellt.«

»Wie das!« rief sein Onkel. »Hat dich das Feuer nicht erwärmt? Hat dich das Essen nicht gestärkt?«

»Ich sehe, daß das Essen bekömmlich ist«, sagte Jack, »und doch ist das kein Beweis, daß ein Mensch am rechten Fuß eine Fessel tragen muß.«

Daraufhin lachte die Erscheinung seines Onkels kollernd wie ein Truthahn.

»Beim Jupiter!« rief Jack. »Ist das der Zauberer?«

Seine Hand zauderte, und sein Herz setzte aus vor Liebe für seinen Onkel; doch er hob das Schwert und schlug der Erscheinung auf den Kopf. Sie schrie mit der Stimme seines Onkels laut auf, stürzte zu Boden, und ein blutloses weißes Etwas floh aus dem Zimmer.

Der Schrei hallte in Jacks Ohren nach, seine Knie wackelten, und das Gewissen begann ihn zu quälen; und doch war er entschlossen, und in seinen Knochen erwachte die Lust auf das Blut des Zauberers. »Wenn die Fesseln fallen sollen«, sagte er, »muß ich weitermachen, und wenn ich nach Hause komme, finde ich meinen Onkel bestimmt bei bester Gesundheit.«

Er folgte also dem blutlosen Etwas. Da trat ihm sein Vater entgegen. Sein Vater war erregt, tadelte ihn, rief ihm seine Pflichten in Erinnerung und forderte ihn auf, nach Hause zu kommen, solange noch Zeit sei. »Du kannst noch bei Sonnenuntergang zu Hause sein«, sagte er, »und dann ist alles vergeben.«

»Gott weiß«, sagte Jack, »daß ich deinen Zorn fürchte; aber auch dein Zorn beweist mir nicht, daß ein Mensch am rechten Bein eine Fessel tragen muß.«

Daraufhin lachte die Erscheinung seines Vaters kollernd wie ein Truthahn.

»Ach, Himmel!« rief Jack. »Wieder der Zauberer!«

Das Blut erstarrte ihm in den Adern, und seine Gelenke wollten ihm wegen der Liebe, die er für seinen Vater empfand, den Dienst versagen; doch er hob das Schwert und stieß es der Erscheinung ins Herz. Das Wesen schrie mit der Stimme seines Vaters auf und stürzte zu Boden, und ein kleines blutloses Etwas floh aus dem Zimmer.

Der Schrei hallte in Jacks Ohren nach, und seine Seele war überschattet, doch nun überkam ihn Wut: »Ich habe etwas getan, woran ich gar nicht zu denken wage«, sagte er. »Ich will es durchstehen oder sterben. Und wenn ich nach Hause komme, dann flehe ich Gott an, daß es nur ein Traum war und ich meinen Vater bei bester Gesundheit vorfinde.«

Also folgte er dem blutlosen Etwas, das geflohen war, und dabei trat ihm seine Mutter entgegen. Sie weinte: »Was hast du getan? Was hast du nur getan? Oh, komm nach Hause, wo du noch zur Schlafenszeit eintreffen kannst, ehe du mir und meiner Familie noch mehr Böses antust, denn es ist genug, meinen Bruder und deinen Vater erschlagen zu haben.«

»Liebe Mutter, nicht die beiden habe ich erschlagen«, sagte Jack. »Es war nur der Zauberer, der ihre Gestalt angenommen hatte. Und selbst wenn ich's getan hätte, ist das noch lange kein Beweis, daß ein Mensch am rechten Bein eine Fessel tragen muß.«

Und daraufhin lachte die Erscheinung kollernd wie ein Truthahn.

Er wußte später nicht mehr, wie er es geschafft hatte; jedenfalls ließ er das Schwert ausschwingen und versetzte der Erscheinung einen Hieb in die Seite. Sie schrie mit der Stimme seiner Mutter auf und stürzte zu Boden, und als sie stürzte, war das Haus über Jacks Kopf verschwunden. Er stand allein im Wald, und die Fessel fiel ihm vom Bein.

»Also«, sagte er, »der Zauberer ist tot und die Fessel ist fort.« Aber Schreie hallten in seiner Seele auf, und der Tag kam ihm wie die schwärzeste Nacht vor. »Eine schlimme Sache«, sagte er. »Ich will den Wald verlassen und sehen, was ich den anderen Gutes angetan habe.«

Er wollte die Fessel zuerst liegenlassen, doch als er sich zum Gehen wandte, überlegte er es sich anders. Er bückte sich also und verwahrte die Fessel an seiner Brust, und das grobe Eisen verletzte ihn, als er losging, und er blutete.

Als er nun den Wald verlassen und die Straße erreicht hatte, traf er Menschen, die vom Felde zurückkamen, und keiner hatte eine Fessel am rechten Bein, sondern alle, o weh! am linken Bein. Jack fragte sie, was das bedeutete, und sie antworteten, dies sei die neue Mode, die alte Art habe sich als Aberglauben erwiesen. Er schaute sich das näher an, und da war ein neues Geschwür am linken Fußgelenk zu sehen, während das alte am rechten Bein noch gar nicht ganz verheilt war.

»Gott möge mir vergeben!« rief Jack. »Ich wünschte, ich wäre schon zu Hause.«

Und als er zu Hause eintraf, lag dort sein Onkel von einem Schlag auf den Kopf niedergestreckt, und sein Vater hatte einen Stich durch das Herz erhalten, und seine Mutter war von einem Hieb in die Seite getötet worden. Und er saß im einsamen Haus und weinte neben den Toten.

Moral

Der Baum ist alt und die Frucht stolz
Sehr alt und mächtig ist das Holz.
Fäller, ist dein Mut ungebrochen?
Hab acht! Die Wurzel ist gekrochen
Um deiner Mutter Herz und deines Vaters Leib
Und kommt wie Alraune nur ächzend frei.

Durch den Vorhang

SIR ARTHUR CONAN DOYLE

Er war ein großer, sommersprossiger Grenzländer mit mächtigem Haarschopf, ein direkter Nachkomme eines Klans von Viehdieben aus Liddesdale. Trotz seiner Vorfahren war er ein so solider und redlicher Bürger, wie man ihn sich nur wünschen konnte, Ratsherr in Melrose, Mitglied des Kirchenvorstands und Vorsitzender der hiesigen Gruppe Christlicher Junger Männer. Brown war sein Name – und man sah diesen Namen als »Brown und Handiside« über den großen Gemüseläden in der High Street stehen. Seine Frau, Maggie Brown, war vor ihrer Heirat eine Armstrong gewesen und entstammte dem alten Bauerngeschlecht aus der Wildnis der Teviotmündung. Sie war klein, dunkelhäutig und dunkeläugig und hatte ein nervöses Temperament, das bei einer Schottin seltsam anmutet. Es war kein größerer Kontrast denkbar als der zwischen dem großen blonden Mann und der dunkelhaarigen kleinen Frau, doch beide entstammten dieser Scholle, soweit die Erinnerung zurückreichte.

Eines Tages – seit ihrer Hochzeit war genau ein Jahr vergangen – waren sie zusammen hinausgefahren, um sich die Ausgrabungen am römischen Fort bei Newstead anzusehen. Es war kein besonders malerischer Ort. Vom Nordufer des Tweed, der hier eine Schleife bildet, steigt das Ackerland in leichter Schräge an. Über diesen Hang verlaufen die Gräben der Archäologen und enthüllen hier und dort die Fundamente der alten Mauern. Die Anlage war einmal riesig gewesen; das Lager erstreckte sich über fünfzig Morgen, das Fort über fünfzehn. Doch es wurde ihnen leicht gemacht, da Mr. Brown den Bauern kannte, dem das Land gehörte. Unter der Führung dieses Mannes verbrachten sie einen langen Sommerabend mit der Besichtigung der Gräben, Schächte, Wälle und seltsamen Gegenstände, die darauf warteten, ins Historische Museum Edinburgh transportiert zu werden. Erst heute war die Schnalle eines Frauengürtels ausgegraben worden, und der Bauer sprach noch darüber, als sein Blick zufällig auf Mrs. Brown fiel.

»Der Lady geht's nicht gut«, sagte er. »Vielleicht sollten Sie sich ein bißchen ausruhen, ehe wir weitergehen.«
Brown musterte seine Frau. Kein Zweifel, sie war sehr bleich, und ihre dunklen Augen glänzten seltsam.
»Was ist, Maggie? Ich habe dich ermüdet. Vielleicht sollten wir wieder nach Hause fahren.«
»Nein, nein, John, gehen wir weiter. Es ist wunderbar! Wie aus einem Traum! Dies alles geht mir so nahe! Wie lange waren die Römer hier, Mr. Cunningham?«
»Ziemlich lange, Madam. Wenn Sie die Müllgrube der Küche gesehen haben, würden Sie auch meinen, daß es lange gedauert haben muß, sie zu füllen.«
»Und warum sind sie fort?«
»Naja, Madam, nach all den Berichten, die sie zurückgelassen haben, mußten sie verschwinden. Die Leute ringsum konnten sie nicht länger ertragen und erhoben sich und verbrannten das Fort. Sie sehen heute noch die Brandspuren an den Steinen.«
Die Frau erschauerte ein wenig. »Eine wilde Nacht – eine schreckliche Nacht«, sagte sie. »Der Himmel muß rot geleuchtet haben an jenem Abend – und die grauen Steine dort, sie sind vielleicht auch rot gewesen.«
»Aye, ich glaube, sie waren rot«, sagte ihr Mann. »Seltsam, Maggie, vielleicht liegt's an deinen Worten; aber ich sehe die Szene so klar vor mir wie nur irgendwas in meinem Leben. Das Licht spiegelte sich im Wasser.«
»Aye, das Licht spiegelte sich im Wasser. Und der Rauch kratzte einem im Hals. Und all die Wilden haben gebrüllt.«
Der alte Bauer begann zu lachen. »Die Lady wird noch eine Geschichte über das alte Fort schreiben«, sagte er. »Ich hab ja schon viele Leute herumgeführt, aber noch keiner hat's so klar gesagt. Mancher hat eben das Talent dazu.«
Sie waren am Rand des Grabens entlanggewandert, und rechts von ihnen gähnte nun eine Vertiefung.
»Die Grube hier war vierzehn Fuß tief«, sagte der Bauer. »Und was meinen Sie wohl, was wir ganz unten gefunden haben? Naja, es war nur das Skelett eines Mannes mit einem Speer neben sich. Ich stelle mir vor, er hat ihn umklammert, als er starb. Jetzt frage ich Sie, wie kommt ein Mann mit einem Speer in ein Loch, das vierzehn Fuß tief war? Er war dort nicht begraben, denn die Leute damals haben ja ihre Toten verbrannt. Was halten Sie davon, Madam?«

»Er ist hinabgesprungen, um sich vor den Wilden zu retten«, sagte die Frau.
»Gut möglich, und den Professoren aus Edinburgh ist auch nichts Besseres eingefallen. Ich wünschte, Sie wären immer dabei, um unsere Schwierigkeiten so schnell zu lösen. Hier nun ist der Altar, den wir letzte Woche gefunden haben. Eine Inschrift steht darauf. Man hat mir gesagt, es ist Lateinisch und bedeutet, die Männer des Forts hätten für ihr Wohlergehen Gott gedankt.«
Sie untersuchten den alten abgewetzten Stein. An seiner Oberseite befand sich ein großes, tiefeingeschnittenes »VV«.
»Was heißt ›VV‹?« fragte Brown.
»Weiß niemand«, erwiderte der Führer.
»*Valeria Victrix*«, sagte die Lady leise. Ihr Gesicht war bleicher denn je, ihr Blick abwesend, wie bei jemandem, der durch die schmalen Korridore endloser Jahrhunderte blickte.
»Was war das?« fragte ihr Mann heftig.
Sie fuhr zusammen, als erwachte sie aus tiefem Schlaf.
»Wovon sprachen wir gerade?«
»Von dem ›VV‹ dort am Stein.«
»Zweifellos war das der Name der Legion, die den Altar errichtet hat.«
»Aye, aber du hast da eben einen besonderen Namen genannt.«
»O wirklich? Wie absurd! Woher sollte ich den wohl wissen?«
»Du hast etwas gesagt – ›*Victrix*‹, glaube ich.«
»Ich habe vermutlich nur geraten. Der Ort hier hat so eine ganz komische Wirkung auf mich, als wäre ich nicht ich selbst, sondern jemand anders.«
»Aye, ein unheimlicher Ort«, sagte ihr Mann und sah sich um, und in seinen klaren grauen Augen stand fast so etwas wie Angst. »Ich spüre es auch. Am besten wünschen wir Ihnen schnell einen guten Abend, Mr. Cunningham, und fahren nach Melrose zurück, bevor es dunkel wird.«
Keiner von den beiden vermochte den seltsamen Eindruck der Ausgrabungsstätte abzuschütteln. Es war fast, als sei ein Krankheitskeim aus jenen dunklen Gräben aufgestiegen und hätte sich in ihrem Blut festgesetzt. Den ganzen Abend waren sie stumm und gedankenverloren, doch wenn sie einmal eine Bemerkung machten, wurde deutlich, daß sich beide mit demselben Thema beschäftigten. Brown verbrachte eine unruhige

Nacht mit einem seltsamen Traum, der so lebhaft war, daß er wie ein erschrecktes Pferd schwitzend und zitternd erwachte. Als sie am nächsten Morgen beim Frühstück saßen, versuchte er seiner Frau einen Eindruck von seinem Erlebnis zu geben.

»Ein ganz deutliches Empfinden, Maggie«, sagte er. »Nichts, was ich bei vollem Wachsein erlebte, ist jemals klarer gewesen. Ich habe das Gefühl, als wären diese Hände klebrig von Blut.«

»Erzähl mir davon — schön der Reihe nach und langsam«, sagte sie.

»Als es begann, befand ich mich an einem Uferhang. Ich lag flach am Boden, der sehr uneben war, überall Büschel von Heidekraut. Um mich nur Dunkelheit, aber ich hörte das Scharren und Atmen von Menschen. Links und rechts schienen sich sehr viele Männer zu befinden, aber ich sah niemanden. Manchmal ertönte leises Metallklirren, und dann einige Stimmen, die ›Psst!‹ flüsterten. Ich hatte einen unförmigen Knüppel in der Hand, am Ende mit Eisenspitzen versehen. Mein Herz schlug heftig, und ich spürte, daß ein Augenblick ganz großer Gefahr und Aufregung bevorstand. Einmal ließ ich meinen Knüppel fallen, und wieder mahnten überall die Stimmen aus der Dunkelheit: ›Psst!‹ Ich streckte die Hand aus, und sie berührte den Fuß eines anderen Mannes, der vor mir lag. Rechts und links von mir lagen noch andere. Aber sie schwiegen.

Dann begannen wir uns zu bewegen. Der ganze Uferhang schien hinabzukriechen. Unten war ein Fluß mit einer hochgewölbten Brücke. Hinter der Brücke viele Lichter, Fackeln auf einer Mauer. Die kriechenden Männer näherten sich alle der Brücke. Bisher hatte es kein irgendwie geartetes Geräusch gegeben, nur seltsame Stille. Und dann ertönte ein Schrei in der Dunkelheit, der Schrei eines Mannes, der plötzlich ins Herz getroffen worden war. Dieser erste Schrei hallte einen Augenblick, dann ertönte das Brüllen tausend wilder Stimmen. Ich lief los. Alle liefen. Ein hellrotes Licht flammte auf, und der Fluß sah wie ein roter Streifen aus. Ich erblickte nun meine Gefährten. Sie sahen eher wie Teufel, nicht wie Männer aus, wilde Gestalten, in Felle gekleidet, mit wehendem Haar und Bärten. Sie waren alle außer sich vor Wut und sprangen beim Laufen hoch, die Münder aufgerissen, die Arme schwenkend, und das rote Licht strahlte ihnen ins Gesicht. Auch ich lief und brüllte meine Flüche hinaus — wie die anderen. Dann hörte ich laut das Brechen von Holz und wußte, daß die Palisaden umgeknickt waren. Lautes Pfeifen schrillte mir in den Ohren, und ich spürte, wie Pfeile an mir vorbeiflogen. Ich warf mich in einen Graben und sah, wie sich eine Hand von oben herabstreckte. Ich packte sie und wurde hinaufgezogen. Wir blickten nach unten, und da standen Silbermänner unter uns, die ihre Speere hochhielten. Einige von uns sprangen auf die Speere. Dann folgten wir übrigen, und wir töteten die Soldaten, ehe sie die Speere wieder herausziehen konnten. Sie brüllten laut in einer fremden Sprache, doch wir waren gnadenlos. Wir überschwemmten sie wie eine Woge und trampelten sie in den Schlamm, denn ihre Zahl war gering, und wir waren unendlich viele.

Ich befand mich zwischen Gebäuden, eines brannte. Ich sah die Flammen durch das Dach zucken. Ich lief weiter, dann war ich allein zwischen den Gebäuden. Jemand lief vor mir vorbei. Es war eine Frau. Ich packte sie am Arm, umfaßte ihr Kinn und drehte ihr Gesicht herum, damit das Licht des Feuers darauf fiel. »Was meinst du wohl, wer das war, Maggie?«

Seine Frau fuhr sich mit der Zunge über die trockenen Lippen. »Ich«, sagte sie.

Er blickte sie überrascht an. »Gut geraten«, erwiderte er. »Ja, du warst es. Nicht nur eine Frau, die wie du aussah – du verstehst. Du warst es selbst. Ich habe deine Seele in den erschrockenen Augen erkannt. Im Feuerschein hast du weiß und schön und wunderbar ausgesehen. Ich hatte nur einen Gedanken im Kopf – dich mitzunehmen und irgendwo hinter den Hügeln in meinem Haus ganz für mich allein zu behalten. Du bist mir mit den Fingernägeln durch das Gesicht gefahren. Ich habe dich über die Schulter genommen und versucht, aus dem Licht der brennenden Häuser heraus wieder in die Dunkelheit zu gelangen.

Und jetzt kommt das, woran ich mich am besten erinnere. Du bist ja krank, Maggie. Soll ich aufhören? Mein Gott! Jetzt siehst du aus wie heute nacht in meinem Traum! Du hast geschrien. Er rannte in den Feuerschein. Er trug keinen Helm, sein Haar war schwarz und gelockt; er hatte ein blankes Schwert in der Hand, kurz und breit, ein besserer Dolch. Er stach damit nach mir, doch er stolperte und stürzte. Ich hielt dich mit einer Hand fest, und mit der anderen . . .«

Mit zuckendem Gesicht war seine Frau aufgesprungen.

»Markus!« rief sie. »Mein schöner Markus! Oh, du Scheusal!

Du Scheusal! Du Scheusal!« Teetassen zerbrachen, als sie ohnmächtig über den Tisch stürzte.

Sie sprechen niemals von diesem seltsamen Zwischenfall in ihrer Ehe. Für kurze Zeit war der Vorhang zur Vergangenheit zur Seite geschwungen, und sie hatten kurz ein vergessenes Leben schauen dürfen. Doch der Vorhang schloß sich wieder und öffnete sich nie wieder. Sie gehen ihren vorgeschriebenen Weg — er in seinem Laden, sie in ihrem Haushalt —, und doch hat sich ein neuer und weiterer Horizont vage um sie gebildet seit jenem Sommerabend im zerfallenen römischen Fort.

Die Wölfe Gottes

ALGERNON BLACKWOOD

I

Als der kleine Dampfer in die Kettletoft-Bucht der Orkney-Inseln einfuhr, wirkte der Strand von Sanday so flach, daß die Häuser fast auf dem Wasser zu stehen schienen; und dem großen dunkelhaarigen Mann, der an der Reling des Oberdecks lehnte, brachte dieser Anblick eine Mischung aus Schmerz und Freude. Für ihn hatte sich die Szene nicht verändert. Die Häuser, die niedrige Küste, das flache, baumlose Land dahinter, der gewaltige leere Himmel – all dies sah genauso aus wie vor dreißig Jahren, als er die Insel verließ, um im fernen Nordwest-Kanada für die Hudson Bay Company zu arbeiten. Damals ein Junge von achtzehn Jahren, heute achtundvierzig, alt für seine Jahre, und dies war die Rückkehr, die er sich in der einsamen Baumwildnis, in der er sein Leben verbracht hatte, so oft erträumt hatte. Gleichwohl hatte sein finsteres Gesicht nun eher einen besorgten als einen gefühlsbestimmten Ausdruck. Die Rückkehr fiel vielleicht doch nicht so aus, wie er sie sich vorgestellt hatte.

Jim Peace war es im Dienst der Firma gar nicht mal so schlecht ergangen. Für einen Inselbewohner war er ein reicher Mann; er hatte nicht geheiratet und den größten Teil seines Lohns gespart, und sogar auf dem einsamen Posten, auf dem er so viele Jahre verbracht hatte, war ihm ab und zu eine Gelegenheit über den Weg gelaufen, wie es sie in jungen, unerforschten Ländern gibt, wo sich das Leben und die Gesetze erst noch bilden. Er hatte nicht gezögert zuzugreifen. Gewiß, ihm war keiner der großen Posten der Firma übertragen worden, auch hatte er keinen großen Aufstieg gemacht; nach zwei weiteren Jahren wäre er an der Reihe gewesen, doch er war freiwillig vor der Zeit gegangen. Seine Entscheidung war, nach den festen Gesichtszügen zu urteilen, nicht impulsiv gefallen; der Schritt war sorgfältig abgewogen und berechnet worden; er hatte auf seine Gelegenheit erst nach gründlicher Überlegung verzichtet. Ein Mann mit solch ruhigem Blick, solch eckigem Kinn und entschlossenem Mund handelte keinesfalls ohne guten Grund.

Ein seltsamer Ausdruck zuckte nun über sein wettergegerbtes Gesicht, als er das Haus seiner Kindheit wieder vor sich sah und die so oft vorgestellte Heimkehr nun endlich bevorstand. Ein unruhiges Licht flackerte einen Moment in den tiefliegenden grauen Augen, war jedoch schnell wieder verschwunden, und das gebräunte Gesicht hatte die gewohnte Starre zurückgewonnen. Sein scharfes Auge fand eine Menschengruppe am Pier — darunter seinen Bruder, das wußte er. Er sehnte sich danach, seinen Bruder wiederzusehen, den alten Hof, die weite Landschaft, die Sanddünen und die rauschende Brandung. Der Geruch längst vergangener Tage stieg ihm mit dem angenehm schmerzhaften Stich jugendlicher Erinnerungen in die Nase. Wie schön, dachte er, wieder zu den vertrauten Feldern der Kindheit zurückzukehren, ringsum Meer und Sand zu haben anstelle der bedrückend endlosen Wälder, die sich tausend Meilen ohne Unterbrechung erstreckten. Er freute sich besonders, daß keine Bäume zu sehen waren und daß er außer Kaninchen, die zwischen den Dünen herumhoppelten, keine anderen wilden Tiere zu Gesicht bekommen würde . . .

Die dreißig Jahre in der Wildnis schienen ihn zu bedrücken; die Wälder, die unvorstellbare Menge der Bäume — dies alles hatte ihn erschöpft. Vielleicht hatten seine Nerven schließlich Schaden genommen. Schnee, Frost und Sonne, Sterne und Wind waren in den langen Tagen und endlosen Nächten seine Gefährten gewesen, doch in erster Linie — Bäume, Bäume, Bäume, Bäume! Grundsätzlich hatte er sie bei stürmischem Wetter am liebsten gehabt, wenn auch ihre starren Legionen auf andere Weise in der tiefen Stille ruhiger Tage gleichermaßen bedrückend gewesen waren. Im klaren Sonnenlicht eines windstillen Tages bekamen sie etwas Wartendes, Lauschendes, Beobachtendes, eine Dimension, die etwas Geisterhaftes hatte, doch wenn sie in Bewegung waren — nun, ein sich bewegendes Tier war ihm lieber als ein Wesen, das stocksteif dastand und herüberstarrte. Außerdem übertönte der Wind — und sei es auch die winzigste Brise — in einer Million Bäume alle anderen Geräusche — zum Beispiel das Heulen der Wölfe im Winter oder das endlose harte Bellen der Eskimohunde, die er so verabscheute.

Trotz des warmen Septembernachmittags überlief ihn ein leichter Schauer, als die gegenwärtige Szene vom Hintergrund der vergangenen Jahre überragt wurde. Er verdrängte das Bild tief in seinem Inneren. Sofort kam die Selbstbeherrschung und

der starke, sogar gewalttätige Wille ins Spiel, den das Gesicht verriet. Hintergrund war Hintergrund; er gehörte zur Vergangenheit, und die war ein für allemal abgeschlossen. Sie war tot. Und Jim wollte dafür sorgen, daß sie tot blieb.
Die Gestalt, die ihm vom Pier aus zuwinkte, war sein Bruder. Er erkannte Tom sofort; die Jahre waren auf dieser ruhigen Insel gnädig mit ihm umgesprungen, es gab keine plötzlichen unfreundlichen Veränderungen, und ein starkes Gefühl, das allerdings ohne äußeren Ausdruck blieb, stieg in seinem Herzen auf. Es war gut, wieder zu Hause zu sein, überlegte er, als er kurze Zeit später auf dem Wagen saß, während Tom die Zügel hielt, und langsam zum Hof am Nordende der Insel gefahren wurde. Alles war ihm vertraut, doch zugleich fremd. Sie kamen an der Schule vorbei, die er als barfüßiger kleiner Junge besucht hatte; andere Jungen lernten nun dort wie früher er. Durch das offene Fenster hörte er die monotone Stimme des Lehrers, der, obwohl er unsichtbar war, das Gesicht seines Lehrers hatte, Mr. Lovibond.
»Lovibond«, sagte Tom auf seine Frage. »Oh, der ist schon zwanzig Jahre tot. Ist in den Süden gegangen – Glasgow, glaube ich, oder Edinburgh. Hat Typhus bekommen.«
Schwärme von Goldregenpfeifern bevölkerten wie früher die Felder oder huschten in schnellem Flug mit surrenden Flügeln dahin, wirbelten und drehten sich wie ein einziger großer Vogel in der Luft. Unten an der kahlen Küste rief ein Brachvogel. Der durchdringende Ton hob sich deutlich ab von dem Lärm der Möwen. Die Sonne zauberte weiches Licht auf die ruhige See, die Luft war würzig, der Salzgeruch vermischte sich angenehm mit den sauberen Gerüchen des offenen Landes, die er so gut kannte. Nichts Wesentliches hatte sich verändert; sogar die tiefhängenden Wolken über dem welligen Hügelland waren die Wolken der Kindheit. Schließlich erreichten sie die Dünen, wo Kaninchen vor ihren Höhlen saßen oder vor dem langsamen Wagen über den Weg flohen.
»Sie bleiben ungeschoren, bis das kältere Wetter einsetzt und das Fallenstellen beginnt«, sagte er. Ihm fielen nun all die Einzelheiten wieder ein.
»Und sie wissen Bescheid – die schlauen kleinen Burschen!« erwiderte Tom. »Gibt's da Kaninchen, wo du gewesen bist?« fragte er beiläufig.
»Kann man nicht sagen«, antwortete sein Bruder kurzangebunden.

Nichts schien sich verändert zu haben, obwohl alles anders aussah. Er betrachtete die vertrauten Dinge, doch mit anderen Augen. Natürlich gab es Veränderungen, doch die waren so seltsam geringfügig, daß sie ihm entgingen; da sie nicht konkret greifbar waren, wirkten sie auf seine Seele, nicht auf seinen Geist. Aber seine Seele, die beunruhigt war, versuchte die Veränderungen zu leugnen, denn sie zuzugeben hätte bedeutet, eine Veränderung in sich selbst einzugestehen, die er zu verheimlichen beschlossen hatte, wenn er sie auch nicht völlig ableugnen konnte.

»Alles wie früher, Tom«, kam eine seiner wenigen Bemerkungen. »Die Jahre haben kaum etwas ausgemacht.« Er blickte seinem Bruder einen Augenblick offen ins Gesicht. »Auch dir nicht, Tom«, fügte er hinzu, und einen Augenblick schwang Zuneigung in seiner Stimme und durchbrach seine Zurückhaltung, die fast Verschlossenheit war.

Sein Bruder erwiderte den Blick; in diesem Augenblick festigte sich etwas zwischen den beiden, ein Verständnis, das kein Wort angedeutet, geschweige denn formuliert hatte. Die Bindung war vorhanden, sie liebten sich, sie waren loyale, standhafte Männer. In ihrer Jugend hatten sie keine Geheimnisse voreinander gehabt. Der Schatten, der nun verschwand, hinterließ in ihren Herzen eine vage Unruhe.

»Die Wälder«, sagte Tom langsam, »haben einen schweigsamen Mann aus dir gemacht. Könnte mir denken, daß sie dir hier fehlen.«

»Mag sein«, lautete die knappe Antwort, »aber ich glaube es nicht.«

Seine Lippen schlossen sich wieder, als wären sie aus Stahl und könnten sich nicht wieder öffnen, während sein Ton dem Bruder klarmachte, daß ihm das Thema nicht besonders recht war. Tom war deshalb überrascht, als Jim nach einiger Zeit von sich aus darauf zurückkam. Er saß während des Sprechens ein wenig seitwärts gedreht und verschlang die Szene mit hungrigen Blicken. »Komische Sache«, bemerkte er, »sich umzusehen und leere Landschaft vor sich zu haben – und keinen einzigen Baum. Verstehst du, das sieht irgendwie nicht natürlich aus.«

Wieder fiel seinem Bruder der Tonfall auf, doch diesmal auch etwas anderes, das er nicht zu bestimmen vermochte. Jim entschuldigte sich, bot Erklärungen an. Sein Verhalten ließ Tom aufmerken. Und dreißig Jahre verschwanden, als hätte es sie

nicht gegeben, denn so hatte sich Jim auch als Junge schon benommen, wenn er etwas Unangenehmes sagen mußte und es schnell hinter sich bringen wollte. Tonfall, Gesten, Verhalten — da stimmte alles. Er machte sich an etwas heran, das er sagen wollte, doch nicht auszusprechen wagte.
»Dann hast du also genug von Bäumen?« fragte Tom mitfühlend, versuchte Jim zu helfen. »Und von allem?«
Die letzten drei Worte hatte er ganz instinktiv ausgesprochen. Ohne es selbst zu wissen, hatte er Mutmaßungen angestellt — ganz ohne Absicht. Jim hatte ein Geheimnis. Die Hellsichtigkeit der Liebe war darauf gestoßen, wenn auch noch nicht auf die verborgenen Umstände.
»Ich habe . . .«, begann der andere und hielt dann inne, offensichtlich, um seine Worte sorgfältig zu wählen. »Ich habe genug von Bäumen.« Er wollte schon von etwas erzählen, das sein Bruder mit der zufälligen Frage angesprochen hatte, doch anstatt die gesuchten Worte zu finden, fuhr er plötzlich zusammen und hielt den Atem an. »Was ist denn das?« rief er aus und ließ seinen Körper so plötzlich herumzucken, daß Tom automatisch die Zügel anzog. »Was ist das?«
»Ein Hund bellt«, erwiderte Tom überrascht. »Ein Hofhund bellt. Warum? Wofür hast du's denn gehalten?« fragte er, als er das Pferd mit kurzem Zucken der Zügel wieder antrieb. »Du hast mich erschreckt«, fügte er auflachend hinzu. »Du kennst doch Eskimohunde, oder?«
»Es klang so — na, nicht wie ein Hund, meine ich«, kam die langsame Erklärung. »Hab lange keinen Schäferhund mehr bellen hören, hat mich wohl überrascht.«
»Oh, ein Hund ist das schon«, beruhigte ihn Tom, denn sein Herz verriet ihm ohne Fehl, welchen Tonfall er anschlagen mußte. Und gleich darauf wechselte er auf seine ehrliche, unbeholfene Art das Thema, was er instinktiv ebenfalls als richtig und gut erkannte. Er wies auf die alten Höfe hin, an denen sie vorbeifuhren, der Bruder wieder schweigsam, steif und starr neben ihm sitzend. »Schön ist es, dich wieder zu Hause zu haben, Jim, zurück aus der Fremde. Es gibt nicht mehr viele in der Familie — genau genommen nur dich und mich.«
»Nur dich und mich«, wiederholte der andere rauh, doch in ruhigerem Ton, der anzeigte, daß er Sympathie und Verständnis zu schätzen wußte. »Wir halten zusammen, was, Tom? Blut ist dicker als Wasser, ja? Soviel habe ich jedenfalls gelernt.«

Seine Stimme hatte etwas Sanftes und Flehendes, etwas, das sein Bruder jetzt zum erstenmal hörte. Ein Ellenbogen puffte ihm in die Seite, und Tom wußte, daß diese Geste nicht nur ein Zeichen der Zuneigung war, sondern zum Teil auch aus dem Trost des körperlichen Berührens erwuchs, wenn das Herz beschwert ist. Die Berührung war ein Hilfesuchen — wie schon die letzten Worte. Tom war so überrascht, daß er es zuerst gar nicht glauben konnte.

Angst! Jim hatte Angst! Der Gedanke verwirrte und belastete ihn, der den Charakter seines Bruders in- und auswendig kannte, seinen Mut, seine Geistesgegenwart in Gefahrenmomenten, seine Entschlossenheit. Ein ängstlicher Jim schien ihm eine Unmöglichkeit zu sein, ein Widerspruch in sich; er gehörte doch zu den Männern, die die Bedeutung der Angst nicht kannten, die vor nichts zurückschreckten, deren Schwung am größten war, wenn die Lage am hoffnungslosesten schien. Es mußte wirklich eine ungewöhnliche, sogar schreckliche Angst sein, die solche Nerven erschüttern konnte. Und doch erkannte Tom die Zeichen und deutete sie richtig. Erklären konnte er sie nicht und versuchte es auch gar nicht. Er wußte nur eines: daß sein Bruder, der hier auf dem Wagen neben ihm saß, ein heimliches Entsetzen im Herzen barg. Früher oder später würde er sich ihm anvertrauen.

Er, der einfache Orkney-Bauer, suchte den Grund bei den dreißig Jahren Einsamkeit und Exil an wilden verlassenen Orten, ohne Gesellschaft, ohne Frauen, nur mit Indianern, Eskimohunden, ein paar Trappern oder Pelzhändlern wie er selbst, ohne die segensreichen natürlichen Einflüsse, die das Leben versüßen. Dreißig Jahre waren eine sehr lange Zeit. Er begann sich Hilfsmaßnahmen zu überlegen. Jim mußte so oft wie möglich unter Leute, und im Geiste ging er hastig die erreichbaren Männer und Frauen durch. An Frauen war die Gegend nicht reich, doch es gab mehrere Männer von der richtigen Sorte, die nützlich sein mochten, alles anständige Kerle. Etwa John Rossiter, auch ein Hudson-Bay-Mann, der in Cartwright, Labrador, viele Jahre als Agent gearbeitet hatte und vor längerer Zeit zurückgekehrt war, um seinen Lebensabend in der Zivilisation zu verbringen. Da war auch Sandy McKay, ebenfalls nach einer langen Zeit auf Gummibaumpflanzungen in Malaya zurückgekehrt ... Tom schmiedete noch eifrig Pläne, als sie den alten Hof erreichten und sich kurz darauf zu ihrer ersten Mahlzeit seit jenem Frühstück vor dreißig Jahren zusammensetzten, ehe Jim den Dampfer nahm, der ihn ins Exil fortbrachte – ein Exil, das ihn mit flattrigen Nerven und einem heimlichen Grauen im Herzen wieder freigab. »Ich werde keine Fragen stellen«, überlegte er sich. »Jim wird mir schon alles sagen. Bis dahin will ich ihn mit möglichst vielen Leuten zusammenbringen.« Und er war wirklich dazu entschlossen, wenn auch nicht einzig und allein des Bruders wegen. Jims Entsetzen war so lebhaft, daß auch sein eigenes Herz davon angerührt war.

»Ah, hier kann man wenigstens die Lungen durchblasen und frei atmen!« rief Jim, als die beiden nach dem Essen vor das Haus traten und über das offene Land blickten. Er machte einen tiefen Atemzug, als wollte er seine Feststellung beweisen, und atmete befriedigt wieder aus. »Ein gutes Gefühl, wieder einen klaren Horizont zu sehen und zu wissen, daß da soviel Wasser ist zwischen ... zwischen mir und der Gegend, wo ich gewesen bin.« Er wandte das Gesicht ab, um die Goldregenpfeifer am Himmel zu beobachten, und blickte dann zur fernen Küstenlinie hinüber, wo das Meer im schrägen Abendlicht gerade noch zu sehen war. »Kann nicht zuviel Wasser sein für mich«, fügte er halb zu sich selbst gesprochen hinzu. »Vermutlich können sie das Wasser nicht überqueren — jedenfalls nicht soviel Wasser.«

Tom starrte ihn an und fragte sich unruhig, was er davon halten sollte.

»Geht's schon wieder um die Bäume, Jim?« fragte er lachend. Er hatte die letzten Worte gehört, obwohl sie leise gesprochen waren, und hielt es für das beste, sie nicht völlig zu ignorieren. Er mußte sich ganz natürlich geben, natürlich und fröhlich. Wenn er aus allem Unangenehmen einen Scherz machte, wurde es weniger schlimm, meinte er. »Ich habe noch keinen Baum über den Atlantik kommen sehen, außer als Mast — tot«, fügte er hinzu.

»An Bäume habe ich gerade nicht gedacht«, lautete die unbeholfene Antwort, »sondern an — etwas anderes. Die verdammten Bäume sind nichts, obwohl ich sie nicht mehr sehen kann. Und auch völlig unwichtig« — als vergleiche er sie im Geiste mit etwas anderem. Er zog kurz an seiner Pfeife.

»Sie können sich jedenfalls nicht rühren«, warf sein Bruder ein, »oder etwa schwimmen.«

»Auch etwas anderes können sie nicht«, sagte Jim, und seine Stimme klang plötzlich heiser und seine Worte schienen verwirrt, obwohl der Gedanke in seinem Kopf so klar war wie das Tageslicht. »Es kann sich nichts dahinter verstecken – oder?«

»Gibt nicht viel Deckung hier, das muß ich sagen!« lachte Tom, obwohl ein Blick in die Augen seines Bruders sein gekünsteltes Lachen schnell verstummen ließ.

»Richtig«, stimmte der andere zu. »Aber ich habe gemeint –« er wölbte die Brust und sah sich mit einem Ausdruck großer Erleichterung um, atmete noch einmal tief und befriedigt durch – »wenn es keine Bäume gibt, gibt's auch keine Verstecke.«

Es war der Ausdruck auf dem harten, wettergegerbten Gesicht, der dem Bruder das Blut in den Adern stocken ließ. Er hatte Männer in Angst gesehen, er hatte Männer besorgt gesehen, ehe die eigentliche Angst einsetzte; er hatte auch Männer erlebt, die angesichts natürlicher und sogenannter übernatürlicher Dinge starr vor Entsetzen gewesen waren; doch nie zuvor hatte er einen solchen Ausdruck unirdischen Grauens miterlebt, wie er jetzt das Gesicht seines Bruders kreideweiß werden ließ und zugleich ein Feuer in zwei gequälte, brennende Augen zauberte.

Über die dunkler werdende Landschaft hatte der Abendwind ein leises Bellen herangeweht.

»Ist nur ein Hofhund, der da bellt.« Und doch war es Jims tiefe, ruhige Stimme, die die Worte gesagt hatte, und eine Hand legte er auf den Arm seines Bruders.

»Mehr nicht«, erwiderte Tom beschämt, daß er sich verraten hatte. Er erkannte plötzlich überrascht, daß nun Jim die Rolle des Trösters spielte – eine verblüffende Wendung in ihrer Beziehung. »Wieso, wofür hast du's denn gehalten?«

Er gab sich große Mühe, natürlich und leichthin zu sprechen, doch seine Stimme bebte. So tief war die Liebe und Vertrautheit der Brüder, daß sie nur alles teilen konnten.

Jim senkte die große Hand. »Ich dachte«, flüsterte er, und sein grauer Bart berührte die Wange des anderen, »daß es vielleicht Wölfe wären –« das Grauen ließ ihm Stimme und Körper erbeben – »die Wölfe Gottes!«

II

Die dreißigjährige Trennung war schnell überbrückt worden; es war das Geheimnis, welches die Kluft offen ließ, die keiner von beiden zu überschreiten wagte. Der Grund für Jims Zögern ließ sich noch erraten, doch Toms Schweigen war schon komplizierter.

Bei willensstarken, einfachen Männern, denen Affektiertheit und Heuchelei fremd sind, gilt Zurückhaltung als eine sehr reale, fast heilige Sache. Jim sagte nichts mehr, und Tom stellte keine Frage. Den letzteren erfüllte jedenfalls eine einzige Gewißheit: wenn er die Wahrheit erführe, würde er seinen Bruder verlieren. Er hatte keine Ahnung, wie und warum dies geschehen würde, ob durch Tod oder weil sich Jim, nachdem er einen schrecklichen Umstand enthüllt hatte, physisch oder geistig zurückziehen würde; er dachte auch nicht darüber nach. Scharfsinn war nicht des Orkney-Bauern Stärke. Er spürte nur, daß die Kenntnis der Wahrheit eine Trennung bringen würde, die dem Tod gleichkam.

Tag und Nacht jedoch gingen ihm jene außergewöhnlichen Worte durch den Kopf, die ihn beim ersten Anhören das Blut in den Adern hatten gefrieren lassen. Und mit dem Gedanken daran kehrte stets das namenlose Entsetzen zurück, das ihn förmlich hatte erstarren lassen, die bärtigen Lippen seines Bruders am Ohr: *Die Wölfe Gottes.* Auf eine unbestimmte Weise — so glaubte er manchmal, oder versuchte es sich eher einzureden — gehörte dieses Grauen nicht zu den Worten allein, sondern war ein mitfühlendes Echo jener Dinge, die Jim empfand. Das Schrecknis war auch in seinen Geist und in sein Herz eingedrungen. Schon immer hatten sie auf diese seltsame, intime Art an allen Dingen gleichen Anteil gehabt. Dies lag an den engen brüderlichen Banden. Von der möglichen Übertragung von Gedanken und Emotionen wußte er nichts, doch das meinte er vielleicht in Wirklichkeit.

Gleichzeitig versuchte er den Einfluß abzuwehren, nicht weil er ihm unruhige und störende Gefühle brachte, sondern weil er das Geheimnis seines Bruders nicht zu erforschen, nicht aufzudecken wünschte, wie durch eine Art Vorwand, der fast ein Belauschen gewesen wäre. Auch wollte er ihn wirklich von ganzem Herzen beschützen. Trotzdem oder vielleicht gerade deswegen beobachtete er nun seinen Bruder wie ein wildes Tier seine Kleinen. Jim war der einzige Mensch, den er auf der Erde noch hatte. Er liebte ihn in brüderlicher Zuneigung und wußte, daß Jim ihn ebenso liebte. Seine Aufgabe war schwierig. Nur die Liebe konnte ihn lenken.

Er machte Andeutungen, stellte jedoch niemals Fragen:

»Dein Brief hat mich überrascht, Jim. In meinem ganzen Leben habe ich mich noch nicht so gefreut. Du hattest doch noch zwei Jahre.«

»Ich hatte genug«, kam die knappe Antwort. »Himmel, Mann, war es gut, wieder nach Hause zu kommen!«

Diese Worte und die unbeholfenen Gespräche nach dem ersten Wiedersehen waren alles, worauf sich Tom stützen konnte, während seine Augen endlos beobachteten. Es stellte sich eine Besserung ein, sofern diese nicht eine Sache der Beherrschung war, worauf Tom gar nicht kam; von Bäumen und Wasser wurde nicht mehr gesprochen, das Hundebellen verhallte unbeachtet, keine Anspielung auf die Einsamkeit des Waldlebens kam über seine Lippen; er verbrachte seine Tage mit Angeln, Jagen und Hilfsarbeiten auf dem Hof, die Abende mit einer Pfeife über einem Glas – er trank mehr als maßvoll – und sprach dabei über die weit zurückliegenden Tage.

Die Zeichen der Unruhe waren noch vorhanden, doch wie verdrängt und somit weitaus vieldeutiger, als wären sie offen und direkt zutage getreten. Zum Beispiel sehnte er sich nicht nach Gesellschaft – eine unnatürliche Sache, dachte Tom, nach so vielen Jahren der Einsamkeit.

Es war dieser Umstand und die unangenehme Tatsache, daß er zwei Jahre vor seiner vertraglichen Zeit aufgehört und damit auf eine angenehme Pension verzichtet hatte, es waren diese beiden wesentlichen Punkte, die sich mit so unfreundlichem Beharren in den Gedanken seines Bruders hielten. Hinter beidem hallte außerdem immer wieder der seltsame geflüsterte Satz. Was die Worte bedeuteten oder worauf sie sich bezogen, wußte Tom nicht. Sie verfolgten ihn wie der böse Refrain eines verbotenen Liedes, Tag und Nacht, sogar im Schlaf war er nicht ganz davon frei. Dies alles war dem einfachen Orkney-Bauern eine so neue Erfahrung, daß er gar nicht wußte, wie er damit fertig werden sollte. Er war zu stark, um aufgeregt zu sein, doch er war zumindest verwirrt. Und er litt vor allem wegen Jim.

Was ihn jedoch am meisten verwunderte, war Jims Haltung gegenüber dem alten John Rossiter. Er mochte fast glauben, die beiden Männer wären sich drüben in Kanada begegnet, obwohl Rossiter ihm bewies, wie unmöglich das war, in zeitlicher wie auch in geographischer Hinsicht. Er hatte die beiden in den ersten Tagen zusammengebracht, und Jim hatte den anderen Mann stumm und düster gemustert wie einen Feind.

Der alte Rossiter, ein Sinnbild menschlicher Freundlichkeit, hatte sich unbeeindruckt gezeigt. Er war ein alter Veteran der Wildnis, hatte seine volle Zeit bei der Firma abgedient und genoß nun das wohlverdiente Ruhegeld. Er sprudelte über von Geschichten, Erinnerungen und Abenteuern aller Art; er kannte Männer und ihre Werte, hatte seltsame Dinge gesehen, die nur die echte Wildnis bringen kann, und nichts gefiel ihm mehr, als bei einem guten Glas darüber zu sprechen. Er behandelte Jim so herzlich und leutselig, daß zum Glück kaum eine Antwort erforderlich war, denn Jim gab sich verdrießlich und wortkarg, daß es fast schon unhöflich war. Dem alten Rossiter fiel das nicht auf. Was Tom jedoch auffiel, war das deutliche Unbehagen seines Bruders. Er war hin und her gerissen zwischen dem Wunsch, seiner Zuneigung zu Rossiter Ausdruck zu geben, und seinem tiefen persönlichen Kummer, und so wußte er nicht, was er tun oder sagen sollte. Die Situation überforderte seine Kräfte.
Außerdem waren die beiden Familien – Peace und Rossiter – seit Generationen Nachbarn gewesen, hatten sich oft durch Heirat verbunden und waren auf verschiedenen Ebenen verwandt. Er mochte seinen Bruder zu sehr, um sich zu schämen, doch er war froh, als der Besuch vorbei war und sie das Haus ihres Gastgebers verlassen hatten. Jim hatte es sogar abgelehnt, mit ihm zu trinken.
»Gute Leute, die Inselbewohner«, sagte Tom auf dem Heimweg, »aber vielleicht nicht besonders amüsant. Doch wir halten alle zusammen. Man kann sich meistens auf sie verlassen.«
»Ich hab noch nie viel geredet, Tom«, kam die mürrische Antwort. »Das weißt du.« Und Tom, der mehr begriff, als er ahnte, nahm die Entschuldigung an und übte Nachsicht.
»John redet eben gern«, half er seinem Bruder. »Er weiß es zu schätzen, wenn jemand gut zuhören kann.«
»Das ist die Art Gerede, mit der ich fertig bin«, lautete die Erwiderung. »Die Firma und ihre Belange interessieren mich nicht mehr. Ich habe genug davon.«
Toms liebevollem Blick, der nicht durchdringen, sich aber auch nicht verschließen wollte, fielen noch andere Dinge auf. Als die Tage verstrichen, schien Jim ein Widerstreben zu offenbaren, gegen Abend das Haus zu verlassen. Sobald das volle Licht des Tages vorüber war, blieb er im Innern. Er war gern am Vormittag unterwegs, wie früh er dazu auch auf-

stehen mußte, doch er weigerte sich rundheraus, mit seinem Bruder zur Abendjagd an den See zu gehen. Dafür gab er keine Erklärung; er weigerte sich einfach.
So vertiefte sich die Kluft zwischen ihnen. Beide wußten Bescheid — daß nämlich zum erstenmal in ihrem Leben ein Geheimnis zwischen ihnen lag —, doch beide wußten auch, daß im richtigen Augenblick die Wahrheit ans Licht kommen würde. Jim wartete nur auf diesen richtigen Augenblick, und das verstand Tom. Seine starke, schlichte Liebe wurde mit allem fertig. Er respektierte die Zurückhaltung seines Bruders. Dem offenkundigen Wunsch John Rossiters, sich mit ihm zu unterhalten und Fragen zu stellen, widersetzte er sich, soweit das eben möglich war. Nur wenn er seinem Bruder helfen und ihn schützen konnte, gab er ein wenig nach. Das Gespräch war kurz, ja einsilbig; weder der alte Hudson-Bay-Mann, noch der Orkney-Bauer machten viele Worte:
»Er ist nicht ganz in Ordnung«, merkte John an, nahm die Pfeife aus dem Mund und beugte sich vor. »Und das sehe ich ungern.« Er legte Tom eine hagere Hand auf das Knie und blickte ihm dabei ernst ins Gesicht.
»Jim!« erwiderte der andere. »Jim krank, meinst du!« Es klang unsinnig.
»Sein Geist ist krank.«
»Verstehe ich nicht«, sagte Tom, obwohl ihm die Wahrheit einen Stich ins Herz gab.
»Dann eben seine Seele, wenn dir das besser gefällt.«
Tom kämpfte einen Augenblick mit sich und bat ihn dann, sich deutlicher auszudrücken.
»Wüßte nicht, wie ich's sagen sollte«, erwiderte der alte Waldläufer lakonisch. »Ich selbst hab davon keine Ahnung. Manche Männer gesunden in den Wäldern, manche werden krank davon.«
»Mag sein, John, mag sein.« Jim bezwang seine Empörung. »Du hast wie er in der Einsamkeit gelebt. Du müßtest das wissen.« Sein Mund klappte zu, als hätte er zuviel gesagt. Die Loyalität zu seinem leidenden Bruder übermannte ihn. Schon tat ihm das Herz weh wegen Jim. Er ärgerte sich über Rossiter wegen dessen Vermutung, spürte aber auch, daß es der alte Knabe nur gut meinte und ihm zu helfen versuchte. Wenn er Jim verlor, verlor er alles, was er auf der Welt hatte.
Eine lange Pause trat ein, in der beide Männer heftig an ihren Pfeifen zogen. Sie waren beide ein wenig aufgeregt.

»Jim«, sagte Tom schließlich in dem Bemühen, der bekundeten Sympathie auf halbem Wege entgegenzukommen, »ist nicht ganz auf dem Damm, das will ich schon sagen.«
Wieder trat ein langes Schweigen ein, während Rossiter seinen Blick unverwandt auf den anderen gerichtet hielt, wenn auch ohne jeden Ausdruck – eine Angewohnheit, die ihn die Wälder gelehrt hatten.
»Jim«, sagte er endlich mit offenkundiger Anstrengung, »hat Angst. Und es ist seine Seele, die Angst hat.«
Da wurde Tom von großer Unsicherheit befallen. Er erkannte, daß der alte Rossiter als erfahrener Waldläufer wußte, wo das Geheimnis lag, wenn er es auch noch nicht im einzelnen kannte. Es war ganz leicht, die Frage zu stellen, und doch zögerte er zu tun, was ihm die brüderliche Treue eigentlich verbot.
»Da gibt's irgendwo eine dunkle Stelle«, murmelte der alte Mann vor sich hin.
Tom sprang auf. »Wenn du so redest«, rief er wütend, »bist du mein Freund nicht – und auch nicht der seine!« Seine Wut steigerte sich, als er die Worte sprach. »Sag das noch einmal!« rief er. »Und ich schlage dir die Zähne ein ...«
Über seine Worte selbst erstaunt, fiel er in seinen Sitz zurück.
»Verzeih mir, John«, sagte er stockend, beschämt, aber noch wütend. »Es schmerzt mich, es tut weh«, fuhr er fort, nachdem er tief Atem geholt und aus seinem Glas getrunken hatte. »Jim hat wirklich Angst, ich weiß es.« Er wartete einen Augenblick und suchte nach Worten, die er aussprechen konnte, ohne seinem Bruder untreu zu werden. »Aber es geht nicht um etwas, das er getan hat«, sagte er. »Es ist nichts Unehrenhaftes. *Das* weiß ich.«
Der alte Rossiter blickte auf, und ein seltsames Licht schimmerte in seinen Augen.
»Schon gut«, sagte er leise.
»Sag mir, was du weißt!« rief Tom plötzlich und stand wieder auf.
Der alte Agent erwiderte offen seinen Blick. Er legte die Pfeife aus der Hand.
»Willst du das wirklich hören?« fragte er mit leiser Stimme. »Wenn du's nicht hören willst – nun, dann sag's gleich. Ich bin immer für Ehrlichkeit«, fügte er hinzu. »Bin ich schon immer gewesen.«
»Sag's mir!« sagte Tom, das Herz auf der Zunge. »Wenn ich

es weiß, kann ich ihm vielleicht helfen.« Die Worte des alten Mannes weckten Angst in ihm. Er kannte Johns leidenschaftliches Rechtsempfinden.
»Ihm helfen«, wiederholte der andere. »Einem Mann, der bis in die tiefste Seele Angst hat, kann man nicht helfen. Aber — wenn du's hören willst, erzähl ich's dir.«
»Erzähl!« rief Tom. »Ich *werde* ihm helfen!« während die aufsteigende Wut seine aufsteigende Angst im Zaum hielt.
John nahm noch einen Schluck.
»Nur zwischen dir und mir.«
»Zwischen uns beiden«, sagte Tom. »Nun red schon!«
Tiefes Schweigen herrschte in dem kleinen Zimmer. Nur das Geräusch des Meeres war zu hören und dahinter das Pfeifen des Windes.
»Die Wölfe«, flüsterte der alte Rossiter. »Die Wölfe Gottes.«
Tom saß starr auf seinem Stuhl, als habe er einen Schlag ins Gesicht erhalten. Er erschauerte. Er sagte nichts, und das Schweigen kam ihm lang und seltsam vor. Sein Herz pochte, das Blut in seinen Adern schien zu stocken. Er spürte nur, daß der alte Rossiter weitergesprochen hatte. Die Stimme klang jedoch weit entfernt, leise. Alles war unwirklich, das spürte er, als er über das kahle, windumtoste Hochland nach Hause ging, das ewige Rauschen des Meeres in den Ohren . . .
Ja, der alte John Rossiter, Gott verfluche seine Seele, hatte weitergesprochen. Er hatte ungeheure, unglaubliche Dinge gesagt! Gott verfluche seine Seele! Die Zähne müßte man ihm einschlagen dafür. Es war ungeheuerlich und gemein, es war nicht wahr.
»Jim«, dachte er, »mein Bruder Jim!«, als er müde gegen den Wind kämpfte. »Ich will's ihm beibringen. Ich will ihn lehren, solche schlimmen Geschichten zu verbreiten!« Er meinte Rossiter. »Gott strafe diese Kerle! Sie kommen aus fremden Ländern zurück und glauben, sie könnten alles sagen! Ich schlage ihm die gelben Hundezähne ein . . .!«
Während das Herz in seiner Brust verzagte und um Hilfe schrie, voller Angst.
Er versuchte sich angestrengt der genauen Worte des alten John zu entsinnen. Am Round Garden Lake — dort war Jim auf seinem einsamen Posten gewesen — gab es einen Indianerstamm. Eine ungewöhnliche Gruppe. Missetäter des Stammes — Diebe, Verbrecher, Mörder — wurden nicht bestraft. Der Stamm schickte sie einfach in den Tod.

Aber wie?
Die Wölfe Gottes kümmerten sich um sie. Was waren die Wölfe Gottes?
Eine Wolfsmeute, die die Rothäute ehrfürchtig verehrten, ein heiliges Rudel, ein Geisterrudel — Gott verfluche den Mann! Absurder, fremdländischer Unsinn! Abergläubischer Humbug! Ein Wolfsrudel, das Missetäter strafte, sie tötete, sie jedoch nicht auffraß. »Zerfetzt, aber nicht aufgefressen«, diese Worte fielen ihm wieder ein. »Weiße ebenso wie Indianer. Die Tiere konnten sogar das Meer überqueren . . .«
»Man sollte ihn aufhängen, wenn er so verrückte Geschichten erzählt. Bei Gott — ich werd's ihm zeigen!
Jim! Mein Bruder Jim! Ungeheuerlich!«
Aber der alte Mann hatte in seiner kalten Leidenschaft für die Gerechtigkeit noch etwas viel Schrecklicheres gesagt, etwas, das Tom nie vergessen würde, ebensowenig wie er es verzeihen konnte: »Du darfst ihn nicht hierbehalten; du mußt ihn fortschicken. Wir können ihn hier nicht auf der Insel haben.« Und wegen dieser Worte, obwohl er kaum seinen Ohren traute und sich hinterher fragte, ob er richtig gehört hatte, wegen dieser Worte, auf die die richtige Antwort ein Hieb ins Gesicht war, wegen dieser Worte war aus der alten Freundschaft und Zuneigung bitterer Haß geworden.
»Wenn ich ihn für die gemeine Lüge nicht umbringe, möge mir mein Gott — und Jim — verzeihen!«

III

Einige Tage später hüllte der Sturm die Insel ein und ließ sie auf ihrem meergeborenen Sockel erzittern. Der Wind, der über die baumlose Weite raste, war fürchterlich, die Blitze erhellten den Himmel. Noch nie war solcher Regen niedergegangen. Das Haus erbebte in seinen Grundfesten. Es hatte fast den Anschein, als habe das Meer seine Grenzen gesprengt und entsende nun seine Wogen. Der wütende Ansturm des Wassers und der Lärm des Windes machten beiden Brüdern zu schaffen, doch Jim mißfiel der Tumult am meisten. Er war niedergeschlagen, stumm, mürrisch. Das Unwetter — Tom sah es sofort — beunruhigte ihn. »Angst bis in die tiefste Seele«, — diese häßlichen Worte kamen ihm wieder in den Sinn.
»Gott steh allen bei, die heute unterwegs sind«, sagte Jim ner-

vös, als das alte Bauernhaus in den Fugen krachte. Woraufhin sich die Tür wie aus eigenem Antrieb öffnete. Niemand hatte geklopft. Sie flog weit auf, als habe der Wind sie eingedrückt. Zwei durchnäßte und abgekämpfte Gestalten standen in der Türöffnung vor diesem düsteren Himmel – der alte John Rossiter und Sandy. Sie legten ihre Beute aus der Hand und nahmen die Umhänge ab; sie waren zur Abendjagd am See gewesen, und sechs tote Vögel waren im Sack. So plötzlich war der Sturm heraufgezogen, daß sie davon überrascht worden waren, ehe sie nach Hause kamen.

Und während Tom sie willkommen hieß und für ihr leibliches Wohl sorgte, spürte er, daß kein Besuch unpassender hätte sein können. Auf Sandy kam es dabei nicht an – er spielte nie eine große Rolle –, doch John Rossiter war der letzte, den Tom jetzt bei sich zu haben wünschte. Er haßte den Mann, haßte den unerbittlichen Gerechtigkeitssinn, der ihn erfüllte; mit dem geringsten Vorwand hätte er ihn fortgeschickt, trotz des Sturms. Aber Rossiter bot ihm keine Veranlassung; er war ganz Dankbarkeit und Zuvorkommenheit, wobei er sich Jim gegenüber womöglich noch freundlicher gab als gegenüber seinem Bruder. Tom stellte Whisky und Zucker zurecht, schnitt eine Zitrone in Scheiben, setzte den Kessel auf und besorgte trockene Jacken, während die durchnäßten Kleidungsstücke vor dem knisternden Feuer hingen, das auf den Orkneys auch an warmen Tagen erforderlich ist.

»Könnten glatt die Äquinoktialstürme sein«, bemerkte Sandy, »wenn wir nicht Ende Oktober hätten.« Er zitterte, denn die Tropen hatten sein Blut dünn gemacht.

»Das ist kein gewöhnlicher Sturm«, warf Rossiter ein und trocknete seine feuchten Stiefel. »Erinnert mich ein wenig –« er deutete mit ruckartiger Kopfbewegung auf das seewärtige Fenster, wo das Prasseln des Regens auf den Scheiben seine Stimme fast übertönte – »erinnert mich ein wenig an drüben.« Er blickte auf, als suche er jemanden, der ihm zustimmte, wobei doch nur eine solche Person mit im Zimmer war.

»Klar, kein gewöhnlicher Sturm«, sagte Jim sofort, doch er sprach langsam. Seine Stimme war leise wie die eines Kindes. Tom, der sich über den Kessel beugte, spürte etwas Kaltes seinen Rücken hinablaufen. »Kommt außerdem über den Atlantik.«

»Unsere großen Stürme kommen immer vom Meer«, schaltete sich Sandy ein und sagte genau das, was man von ihm erwartete. Das lange rote Haar klebte ihm in der Stirn, wodurch er wie ein bekümmerter Collie aussah.

»Gastfreundschaft wie auf einer Insel gibt's nirgendwo sonst«, wechselte Rossiter das Thema, als Tom das Getränk zurechtmixte und die Gläser füllte. »Er fragt nicht mal: ›Sag halt!‹« Er lachte leise in seinen Bart und wandte sich an Sandy, erfreut über sein Kompliment für den Gastgeber. »In Malaya«, fügte er trocken hinzu, »ist das wahrscheinlich anders.« Und die beiden Männer, der eine aus Labrador, der andere aus den Tropen, begannen sich mit schwerfälligem Humor zu necken, während Tom alles zurechtrückte und Jim stumm mit dem Rücken zum Feuer dastand. Bei jedem Windstoß, der das Haus erschütterte, fiel eine passende Bemerkung, meistens durch Sandy: »Habt ihr das gehört?« »Mindestens neunzig Meilen in der Stunde!« »Gut, daß wir hier solide bauen!«, während Rossiter von Zeit zu Zeit wiederholte, daß es ein »ungewöhnlicher Sturm« sei, der ihn an die nördlichen Stürme von »drüben« erinnere.

Tom sagte wenig; ein einziger Gedanke erfüllte sein Herz – der Wunsch, der Sturm möge nachlassen, damit seine Gäste endlich gingen. Jim machte ihn nervös. Er haßte Rossiter. In der Küche hatte er sich bereits mit einem großen Trunk gestärkt und war nun auf halbem Wege durch einen zweiten; er hatte das Gefühl, daß er die Hilfe des Alkohols noch brauchen würde, ehe der Abend vorbei war. Er bemerkte, daß Jim sein Glas noch nicht angerührt hatte. Seine Aufmerksamkeit galt eindeutig dem Wind und der Nacht draußen; am Gespräch beteiligte er sich kaum.

»Ha!« rief Sandys schrille Stimme. »Habt ihr das gehört? Das war nicht der Wind, ich schwör's!« Er richtete sich auf und sah nun wirklich wie ein Hund aus, der die Ohren spitzte und etwas erlauschte, das niemand sonst hörte.

»Das Meer tritt über die Dünen«, sagte Rossiter. »Es gibt heut nacht eine schreckliche Flut und eine wilde See vor dem Swarf. Auch noch Vollmond.« Er legte den Kopf schief, um zu lauschen. Das Dröhnen war gewaltig, Wogen und Wind vereinten sich zu einem Lärm, der fast den Boden zum Zittern brachte. Der Regen prasselte in endlosen Salven wie Schrotladungen gegen die Scheiben.

Und in diesem Augenblick ergriff Jim, der lange Zeit nichts gesagt hatte, das Wort.

»Gut, daß es hier keine Bäume gibt«, bemerkte er ruhig. »Bin

froh darüber.«
»Würde ja auch schlimmes Bruchholz geben, nicht?« bemerkte Sandy. »Könnte glatt auch auf das Haus fallen.«
Aber es war Jims Tonfall, der Rossiter veranlaßte, sich steif auf seinem Stuhl umzudrehen und zuerst den Sprecher, dann seinen Bruder anzusehen. Tom bemerkte beide Blicke und sah das harte Glitzern in den Augen. Dieses Gerede mußte aufhören, doch er wußte nicht, wie er das bewerkstelligen sollte, denn er kannte keine Raffinesse, und Grobheit gegenüber Gästen widersprach den Inselgewohnheiten zu sehr. Er füllte die Gläser neu und dachte noch auf seine schlichte Weise darüber nach, wie er sein Ziel erreichen könnte, als ihm Sandy unwissentlich aus der Patsche half.
»Das ist mein erstes«, bemerkte er, und alle begannen zu lachen. Denn Sandys zehntes Glas war unweigerlich auch sein »erstes«, und er sog den Alkohol wie ein Schwamm auf, ohne Wirkung zu zeigen, bis er plötzlich zusammenbrach und hilflos zu Boden sank. Das fragliche Glas war jedoch erst sein drittes, und das Ende noch weit.
»Drei in einem und eins in dreien«, sagte Rossiter in das allgemeine Gelächter, während Sandy ernst wie ein Richter sein Glas mit einem Schluck zur Hälfte leerte. Er war gutmütig und dumm wie ein Zugpferd, und die Tropen hatten seine Nerven anscheinend zuerst erschöpft und sie ihm dann ganz genommen. »Das ist wohl malayische Theologie«, fuhr Rossiter fort. Und das Gelächter begann erneut. Woraufhin Sandy sein Glas absetzte und die übliche Erklärung gab, die heißen Länder hätten ihm das Blut verdünnt, so daß er die Kälte auf diesen »arktischen Inseln« besonders spürte und der Alkohol für ihn zum Leben unerläßlich war. Tom, dankbar für die unerwartete Hilfe, ermutigte ihn zum Sprechen, und Sandy, der sonst eher übersehen wurde, ging bereitwillig darauf ein. Doch nachdem er die Situation gerettet hatte, führte er das Gespräch unwissentlich wieder in die Gefahrenzone.
»Eine Nacht zum Geschichtenerzählen, was?« bemerkte er, als der Wind mit seltsamem Getöse um das Haus heulte. »Unten in den Staaten«, fuhr er fort, »hieße es jetzt, die bösen Geister wären unterwegs. Ein abergläubischer Haufen, diese Eingeborenen. Ich weiß noch, da gab es einmal ...« Und er erzählte eine halb unsinnige, halb interessante Geschichte von einer geheimnisvollen Spur, die er auf einer Büffeljagd im Dschungel gefunden hatte. Sie folgte meilenweit der Fährte eines ver-

wundeten Büffels, eine Spur, die völlig unbekannt war und die von den Eingeborenen voll Ehrfurcht betrachtet wurde. Sie war ein gutes Zeichen; ein sicherer Fang stand bevor. Es hieß, dies sei die Spur eines Geistes.

»Hast du deinen Büffel bekommen?« fragte Tom.

»Zwei Meilen weiter haben wir ihn gefunden, tot. Die geheimnisvolle Spur endete dicht daneben – ging nicht weiter.«

»Und dabei fällt mir ein ...«, begann der alte Rossiter und überging Toms Versuch, das Thema zu wechseln. Er erzählte von der verfluchten Insel am Eagle River und trug die Geschichte von dem Mann vor, der auf einer anderen Insel vor der Küste nicht begraben bleiben wollte. Anschließend beschrieb er das seltsame Menschtier, das sich in den dichten Wäldern Labradors versteckt und sich nur selten zeigt, das aber für jeden, der sich zu weit vom Lager entfernt, gefährlich ist, für Männer, denen das Leben in der Wildnis zu stark im Blut pulsiert – der mythische Wendigo. Und während er sprach, bemerkte Tom, daß Sandy jede Pause zu einem guten Schluck nutzte, daß aber Jims Glas noch immer unberührt war.

So wuchs die Atmosphäre des Unglaublichen in dem kleinen Zimmer, so wie sie sich auch in den Schatten um ein Lagerfeuer im Walde bildet, wo Männer, die auf der Welt schon manchen seltsamen Ort gesehen haben, frei darüber sprechen, in der Gewißheit, daß niemand sie auslachen wird – eine Atmosphäre, die sich, wenn sie einmal heraufbeschworen ist, nicht mehr vertreiben läßt. Der Aberglaube, der in jedem Sohn einer Mutter steckt, kommt in solchen Augenblicken zum Vorschein. Auch jetzt ließ er sich blicken. Sandy, der dem Moment, da er plötzlich volltrunken sein würde, um mehrere Gläser nähergekommen war, ließ sich wieder vernehmen, diesmal mit der Geschichte eines schottischen Plantagenbesitzers, der einen eingeborenen Diener nur deswegen entlassen hatte, weil er ihn nicht mochte. Der Mann verschwand völlig von der Bildfläche, doch die Dorfbewohner sprachen davon, daß er zurückkommen würde, wenn auch »nicht ganz so, wie er gegangen ist«. Der Plantagenbesitzer bewaffnete sich, wußte er doch, daß die Rache solcher Leute fürchterlich sein konnte. Inzwischen wurde ein schwarzer Panther im Bungalow gesehen. Eines Nachts weckte ihn Lärm auf der Veranda vor seiner Tür. Er kam gerade noch rechtzeitig, um das schwarze Raubtier über das Geländer in den Hof springen zu sehen, und schoß.

Das Wesen sank mit wildem Schmerzensschrei zu Boden. Hilfe kam sofort, und weitere Schüsse wurden auf das Tier abgegeben, das schon tödlich verletzt war und noch mit peitschendem Schwanz im Gras lag. Die Laternen zeigten jedoch, daß die Männer anstelle eines Panthers den entlassenen Diener in Stücke geschossen hatten.

Sandy erzählte die Geschichte gut, eine seltsame Gewißheit sprach aus seiner Stimme und seinem Verhalten, was seinem Gastgeber wenig gefiel. Toms Unruhe und Wut hatten weiter zugenommen, und seine Unfähigkeit, die Situation zu lenken, steigerte seinen Zorn noch mehr. Die Emotion staute sich gefährlich in ihm auf; sie richtete sich hauptsächlich gegen Rossiter, der, obwohl er nichts Direktes sagte, doch irgendwie absichtlich das Geschichtenerzählen und die Stimmung förderte. Bei den äußeren Umständen war es ganz natürlich, daß das Gespräch auf solche Dinge kam, doch was Tom immer wütender machte, war die Tatsache, daß er das Gespräch mühelos hätte bremsen können, wenn Rossiter nicht dabei gewesen wäre. Es war die Gegenwart des alten Hudson-Bay-Mannes, die ihn von einem entschlossenen Eingreifen abhielt. Er fürchtete sich vor Rossiter, er fürchtete sich, ein Machtwort zu sprechen. Das war die Wahrheit. Daß er diese Wahrheit erkannte, erzürnte ihn.

»Erzähl uns noch eine Geschichte, Sandy McKay«, sagte der Veteran. »In diesen Schilderungen steckt so manches. Man findet sie überall auf der Welt – daß sich Menschen in Tiere verwandeln und so.«

Und Sandy, der dem Augenblick des Zusammenbruchs noch näher gekommen war, ohne jedoch bisher etwas erkennen zu lassen, gehorchte bereitwillig. Ihm fiel nichts auf; der Whisky war gut, seine Geschichten wurden gut aufgenommen, und das genügte ihm. Er dankte Tom, der gerade sein Glas neu füllte, und fuhr mit seiner Geschichte fort. Aber Tom, Haß und Wut im Herzen, hatte einen Punkt erreicht, da er sich nicht mehr beherrschen konnte, und Rossiters letzte Worte hatten ihn aufgebracht. Während zugleich ein mächtiger Windstoß aufdröhnte, ging er hinüber, um das Glas des alten Mannes nachzufüllen. Letzterer lehnte ab und deckte das Glas mit seiner großen leeren Hand zu. Tom blieb einen Augenblick neben ihm stehen und senkte den Kopf. »Halt den Mund«, raunte er aufgebracht, so daß niemand sonst ihn hören konnte. Er starrte den anderen mit einer Intensität an, die Gefahr ver-

hieß, und ohne zu antworten gab Rossiter den Blick mit einem gleich starken, aber beherrschten Zorn zurück.
Inzwischen schwenkte der Wind immer wieder um, und jedesmal, wenn er die Richtung wechselte, rutschte auch Jim auf seinem Stuhl herum. Offenbar zog er es vor, dem Lärm entgegenzublicken.
»Du bist jetzt dran mit einer Geschichte«, sagte Rossiter absichtsvoll, als Sandy fertig war. Er blickte zu ihm hinüber, gerade als Jim, den Lärm des Windes an der Wand hinter sich hörend, wieder seinen Stuhl herumrückte. Im gleichen Augenblick ließ der Ansturm Tür und Fenster ihm gegenüber erzittern. Ohne zu antworten blieb Jim einen Augenblick starr stehen, nicht wissend, wohin er sich wenden sollte.
»Es stürmt von allen Seiten heran«, bemerkte Rossiter, »als striche es ums Haus.«
Ein kurzes Schweigen trat ein, während die vier Männer ehrfürchtig auf das Toben des schrecklichen Windes lauschten. Auch Tom horchte, doch er hielt zugleich die Augen offen und überlegte vage, warum er nicht durch den Raum eilte und dem alten Mann eins aufs Maul gab. Jim hob die Hand und nahm sein Glas, setzte es aber nicht an die Lippen. Plötzlich trat eine Pause im Sturm ein, der Wind machte einer kurzen, bedrükkenden Stille Platz. Tom und Rossiter wandten im gleichen Augenblick die Köpfe und starrten sich an. Tom kam der Augenblick endlos lang vor. Er spürte die Herausforderung des anderen und wußte, daß seine Unhöflichkeit sie geweckt hatte. Es war nun ein Kampf der Willenskräfte — Gerechtigkeit gegen Liebe.
Jims Glas hatte inzwischen seine Lippen erreicht, und das Klappern seiner Zähne gegen den Rand war deutlich zu hören.
Aber die Stille ging schnell vorüber, der Wind begann erneut, wenn auch zu Anfang so sanft, als käme er mit unzähligen schnellen leichten Schritten daher und mit zahllosen Händen, die an den Türen und Fenstern rüttelten, doch dann erhob er sich plötzlich mit mächtiger Stimme und preßte gegen die Wände, sauste über das Dach und knallte wie ein Rammbock gegen die andere Seite.
»Himmel, habt ihr das gehört?« rief Sandy. »Er versucht reinzukommen!« Und kaum waren die Worte über seine Lippen, da sank er neben seinem Stuhl zusammen, mit einem Schlag volltrunken. »Wölfisch oder pantherisch«, murmelte er vor sich

hin. »Aber wasch ischt mit Malaya?« Es waren seine letzten Worte, ehe die Bewußtlosigkeit ihn umfing, und offenbar spürte er den Tritt des schweren Bauernstiefels nicht mehr. Jims Glas war klirrend zu Boden gefallen, und der zweite Tritt wurde auf halbem Wege gestoppt. Tom stand erstarrt da, unfähig, sich zu bewegen oder etwas zu sagen, als er seinen Bruder plötzlich durch das Zimmer eilen und ein Fenster öffnen sah, der Wucht des Unwetters entgegen.

»Laß ihn! Laß ihn!« ertönte die Stimme Rossiters voller Autorität, zugleich mit seltsamer Milde – beides neue Töne. Er war aufgestanden, seine Lippen bewegten sich weiter, doch seine Worte blieben unhörbar, als Wind und Regen mit rasender Wildheit in das Zimmer eindrangen, die Scheibe in tausend Splitter zerschlugen und ein Dutzend loser Gegenstände zu Boden wirbelten.

»Ich hab's gesehen!« rief Jim mit einer Stimme, die sich über das Toben und Tosen der Elemente erhob. Er wandte sich zu den anderen um, doch er blickte nur auf Rossiter. »Ich habe den Anführer gesehen!« Er brüllte, um verstanden zu werden, obwohl er selbst ganz ruhig war. »Ein weißer Fleck auf der breiten Brust. Ich habe sie alle gesehen!«

Als er diese Worte hörte und den Ausdruck in Jims Augen sah, ließ sich der alte Rossiter wie von einem Hieb getroffen in seinen Stuhl fallen. Tom hatte das Gefühl, das Herz bliebe ihm stehen. Denn durch das zerbrochene Fenster, sich über den Wind erhebend, doch mit ihm heranwehend, tönte das kehlige, blutrünstige Heulen eines wilden Wolfsrudels. Die Erscheinung war wie ein Wirbelwind vorüber. Und von den drei Männern, die hier so dicht zusammen waren, der eine sitzend und zwei stehend, war Jim in jenem schrecklichen Augenblick als einziger Herr seiner Sinne.

Ehe die beiden anderen sich bewegen oder etwas sagen konnten, machte er kehrt und blickte John und Tom nacheinander in die Augen.

»Ich hab's getan«, sagte er ruhig. »Ich hab ihn getötet – ich muß gehen.«

Mit einem Ausdruck mystischen Entsetzens auf dem Gesicht machte er einen Riesenschritt, warf die Tür auf und verschwand in der Dunkelheit.

Worte und Tat kamen so schnell, daß Toms Lähmung erst verging, als der Zug von dem zerbrochenen Fenster die Tür hinter Jim zuschlug. Dann schien er durch das Zimmer zu springen, der alte Rossiter, Tränen auf den Wangen und sinnlose Worte auf den Lippen, so dicht hinter ihm, daß der wütende Schlag, den Tom auf sein Gesicht zielte, nur den Hals traf und ihn seitlich zu Boden taumeln ließ, anstatt ihn flach auf den Rücken zu werfen.

»Mörder! Der Tod meines Bruders über dich!« brüllte er, als er die Tür aufriß und sich in die Nacht stürzte.

Und jetzt erst geschah das Seltsame, jenes Ereignis, das dem alten John Rossiter den Verstand raubte und aus ihm bis zu seinem Tode einen törichten Mann von unsicherem Geist und Gedächtnis machte – es geschah, als er und der sinnlos betrunkene Sandy allein zusammen auf dem Steinboden des Bauernhauses lagen.

Rossiter, betäubt von Schlag und Sturz, doch im Vollbesitz seiner Sinne – seine Wut war verraucht angesichts der Dinge, die er ausgelöst hatte –, dieser Rossiter richtete sich auf und sah, daß Sandy plötzlich nüchtern war wie ein Richter, Augen und Zunge klar, sogar das Gesicht ohne Rötung.

»John Rossiter«, sagte Sandy, »nicht Gott hat dich zum Henker bestimmt. Es war der Teufel.« Und seine Augen, dachte Rossiter, waren wie die Augen eines Engels.

»Sandy McKay«, stammelte er, mit klappernden Zähnen und stockendem Atem. »Sandy McKay!« Andere Worte fielen ihm nicht ein. Doch Sandy, der bereits wieder in seine Betäubung zurückgefallen war, lag betrunken und reglos auf dem Boden des Bauernhauses und blieb bis zum Morgengrauen in diesem Zustand.

Jims Leiche lag viele Monate lang verborgen zwischen den Dünen, obwohl man eingehend und lange danach suchte. Erst der nächste Sturm legte den Körper frei. Sand hatte ihn bedeckt. Die Kleidung war verschwunden, und das Fleisch, zerfetzt, aber nicht aufgefressen, war der Sonne und dem Wind des Dezembers nackt ausgesetzt.

Seltsame Begegnung

A. J. CRONIN

Als ich am zweiten Tag nach unserer Abfahrt von New York die Runde über das Promenadendeck machte, spürte ich plötzlich, wie mich einer der anderen Passagiere eingehend musterte und mir jedesmal, wenn ich vorbeiging, mit Augen folgte, in denen ein seltsames, fast pathetisches Leuchten stand.

Ich bin oft über den Atlantik gefahren, und diesmal wollte ich mich nach einer ausgedehnten Arbeit nur ausruhen und die Langeweile zufälliger und lästiger Schiffsbekanntschaften meiden. Ich ließ mir also nicht anmerken, daß ich den Mann bemerkt hatte.

Doch hatte er nichts Aufdringliches. Im Gegenteil, er schien von einer nervösen, ja rührenden Schüchternheit zu sein. Er war Anfang vierzig, wie ich aus den Augenwinkeln schätzte, ziemlich stämmig gebaut, hatte ein hellhäutiges Gesicht, eine angenehm geschwungene Stirn, von der sein dünnes Haar zurückzuweichen begann, und klare blaue Augen. Sein dunkler Anzug, die schlichte Krawatte und die randlose Brille zeugten von einer ernsten und zurückhaltenden Natur.

In diesem Augenblick ertönte der Gong zum Essen, und ich ging nach unten.

Am folgenden Vormittag fiel mir wieder auf, wie der Mitreisende mich aus seinem Liegestuhl unverwandt beobachtete. Jetzt war eine Dame bei ihm, offenbar seine Frau. Sie war etwa seines Alters, ruhig und beherrscht, mit braunen Augen und leicht verblichenem braunem Haar. Sie trug einen grauen Rock und eine gleichfarbige Wolljacke.

Langsam begann mich die Situation zu interessieren, und ich erfuhr von meinem Steward, daß es sich um Mr. und Mrs. John S—— aus einem kleinen Londoner Vorort handelte. Doch als ein weiterer Tag ohne Zwischenfall verging, war ich einigermaßen sicher, daß Mr. S—— zu schüchtern sein würde, um seinen offensichtlichen Wunsch, mit mir Kontakt aufzunehmen, in die Tat umzusetzen. Doch an unserem letzten Abend auf See brachte Mrs. S—— die Angelegenheit zur Entscheidung; mit festem Griff um seinen Arm und einem ins Ohr geflüsterten Wort schob sie ihren Mann auf mich zu, als ich über das Deck wanderte.

»Verzeihen Sie, Herr Doktor. Ich würde mich Ihnen gern vorstellen.« Er sprach fast atemlos und reichte mir eine Visitenkarte, die er in der Hand hielt, und betrachtete mein Gesicht, um festzustellen, ob mir der Name etwas sagte. Als das Erkennen offenbar ausblieb, fuhr er mit der gleichen Unbeholfenheit fort: »Wenn Sie ein paar Minuten erübrigen könnten . . . meine Frau und ich würden gern mit Ihnen sprechen.«

Gleich darauf saß ich in einem leeren Stuhl neben den beiden. Zögernd berichtete er mir, daß dies ihr erster Besuch in Amerika gewesen sei. Es habe sich nicht nur um eine Ferienreise gehandelt. Sie hätten eine Fahrt durch die Neuenglandstaaten unternommen und zahlreiche Sommerlager inspiziert, die es dort für junge Leute gebe. Hinterher hatten sie in New York und anderen Städten Erziehungsheime besichtigt, um die Methoden im Umgang mit Jugendgruppen zu studieren, besonders mit zurückgebliebenen, milieugeschädigten und kriminellen Fällen.

Seine Stimme und sein Verhalten, sein ganzes Wesen zeugte von einer echten Begeisterung, die entwaffnend war. Instinktiv mochte ich diesen Mann. Als ich weitere Fragen stellte, erfuhr ich, daß er und seine Frau in den letzten fünfzehn Jahren auf dem Gebiet der Jugendarbeit tätig gewesen waren. Von Beruf war er Anwalt, doch zusätzlich zu seiner Praxis nahm er sich die Zeit, eine Wohlfahrtsorganisation zu leiten, die sich um Jungen und Mädchen — vordringlich aus den Stadtslums — kümmerte, welche mit dem Gesetz in Konflikt geraten waren.

Während er lebhaft berichtete, entstand ein klares Bild ihrer Arbeit vor meinem inneren Auge — wie sie heruntergekommene Jugendliche vor Jugendgerichten bewahrten und sie in eine gesunde Umgebung stellten, sie an Geist und Körper heilten und dann in die Welt zurückschickten, sinnvoll ausgebildet, bereit und geeignet, ihren Platz als wertvolle Mitglieder der Gesellschaft einzunehmen.

Es war eine Arbeit der Sühne, die einem das Herz rühren konnte, und ich fragte, was denn sein Leben auf diesen Weg geführt hätte. Diese Frage hatte eine seltsame Wirkung auf ihn; er holte heftig Atem und rief aus:

»Dann erinnern Sie sich also immer noch nicht an mich?«

Ich schüttelte den Kopf; soweit ich wußte, hatte ich den Mann noch nie zuvor gesehen.

»Ich wollte mich seit vielen Jahren mit Ihnen in Verbindung setzen«, fuhr er zunehmend nervös fort. »Doch ich hab's nie fertiggebracht.« Dann beugte er sich zu mir herüber und sagte mir einige kurze Worte ins Ohr. Daraufhin hob sich langsam der Schleier, meine Gedanken eilten fünfundzwanzig Jahre zurück, und zusammenfahrend erinnerte ich mich an das Ereignis, bei dem ich diesen Mann schon einmal gesehen hatte.

Damals hatte ich gerade als junger Arzt meine Praxis in einem Arbeiterbezirk Londons eröffnet. In einer nebligen Novembernacht wurde ich so gegen ein Uhr früh durch lautes Klopfen an der Tür geweckt. In jenen Tagen wirtschaftlicher Not war sogar zu dieser unmenschlichen Stunde ein Krankenruf willkommen. Hastig zog ich mich an und ging nach unten. Auf der Schwelle stand ein Polizeisergeant mit tropfnassem Helm und Cape; er war im Nebel kaum auszumachen. Ein Selbstmord, sagte er knapp, im Haus um die Ecke – ich käme am besten sofort mit.

Draußen war es kalt und feucht, der Verkehr ruhte, und die Straße lag einsam da, still wie ein Grab. Wir legten die kurze Strecke schweigend zurück – sogar unsere Schritte klangen im Nebel gedämpft –, und traten durch den schmalen Eingang eines alten Gebäudes.

Als wir die quietschende Treppe hinaufgingen, stieg mir der süßlich-unangenehme Geruch von Gas in die Nase. Im oberen Stockwerk führte uns die aufgeregte Wirtin in eine kahle kleine Dachkammer, wo auf einem schmalen Bett ein junger Mann lag.

Obwohl scheinbar leblos, bestand eine winzige Chance, ihn womöglich noch zu retten. Mit Hilfe des Sergeanten begann ich meine Wiederbelebungsversuche. Eine ganze Stunde lang mühten wir uns vergeblich. Eine weitere Viertelstunde verging, und obwohl wir uns wirklich Mühe gaben, schien es hoffnungslos zu sein. Doch dann, als wir schon völlig erschöpft aufgeben wollten, machte der Patient einen flachen, konvulsivischen Atemzug. Es war wie eine Wiedererweckung aus dem Grab, wie ein Wunder, diese Regung von Leben unter unseren Händen. Nach einer halben Stunde erneuter Anstrengungen hatten wir den jungen Mann im Bett sitzen, der uns glasig anstarrte und leider auch langsam das Grauen seiner Lage erkannte.

Er war ein rundgesichtiger Jüngling von einfacher, ländlicher Art, und auch seine Geschichte war einfach, die er uns in den kühlen Morgenstunden erzählte, als er langsam wieder zu Kräften kam. Ein Onkel auf dem Lande, zweifellos begierig, sich einer unerwünschten Verantwortung zu entledigen, hatte ihm eine Stellung als Schreiber im Büro eines Londoner Anwalts verschafft. Er wohnte gerade sechs Monate in der Stadt. Gänzlich ohne Freunde, war er das Opfer von ungünstigen Einflüssen geworden; er war in schlechte Gesellschaft geraten und hatte wie ein junger Tor, begierig auf Freuden, die seine Mittel überstiegen, damit begonnen, auf Pferde zu setzen. Bald waren seine geringen Ersparnisse aufgezehrt, er hatte seine Besitztümer verpfändet und schuldete dem Buchmacher eine katastrophale Summe. Bei dem Versuch, alles gutzumachen, hatte er eine Geldsumme aus dem Bürosafe genommen – für ein letztes Spiel, das angeblich nicht schiefgehen konnte. Doch diese letzte Möglichkeit war auch fehlgeschlagen. Aus Angst vor den polizeilichen Ermittlungen, die nun unvermeidlich waren, und in krankhafte Verzweiflung versunken, hatte er sich in sein Zimmer eingeschlossen und das Gas angedreht.
Schweigen trat in der kleinen Dachkammer ein, als das zögernd vorgebrachte Geständnis beendet war. Dann fragte der Sergeant mürrisch, wie viel er denn gestohlen habe. Fast mitleiderregend kam die Antwort: Sieben Pfund und zehn Shillinge. Ja, so unglaublich es schien – für diese erbärmliche Summe hatte der arme fehlgeleitete Junge fast sein Leben fortgeworfen.
Wieder trat eine Pause ein, in der sich in den Köpfen der drei Zeugen dieser gut ausgegangenen Tragödie eindeutig derselbe unausgesprochene Gedanke festsetzte. Fast wie auf ein Zeichen hin gaben wir unserem Wunsch Ausdruck, dem jungen Mann – der nur wegen seiner wehrlosen Natur und nicht aufgrund verwerflicher Neigungen in diese Notlage gekommen war – eine Chance zu geben. Der Sergeant ging ein großes Risiko ein, als er beschloß, den Fall nicht zu melden, so daß es auch nicht zu einer Gerichtsverhandlung kommen würde. Die Wirtin bot dem Jungen einmonatiges freies Wohnen an, bis er wieder auf den Beinen war. Und ich, der ich vielleicht den geringsten Beitrag leistete, schoß die sieben Pfund und zehn Shillinge vor, die er wieder in den Bürosafe tun sollte.

Das Schiff zog durch die ruhige Schwärze der Nacht. Weitere Worte waren überflüssig. Mit zärtlicher Geste hatte Mrs. S.— — die Hand ihres Mannes genommen. Und während wir noch schweigend dasaßen und das Rauschen des Meeres und das Seufzen des Windes hörten, überkam mich ein eigentümliches Gefühl. Ich mußte unwillkürlich daran denken, daß bei allen schlechten Einsätzen, die ich im Laufe der Jahre gemacht hatte — törichte Spekulationen auf materiellen Gewinn, die nur zu Sorgen, Enttäuschungen und Frustrationen geführt hatten — hier zumindest ein Beitrag war, den ich nicht zu bereuen brauchte, eine Zahlung, die keine greifbare materielle Dividende abgeworfen hatte, die aber bei der letzten Abrechnung vielleicht auf der Habenseite erscheinen wird.

Wenn die leisen Stimmen sterben ...

JOHN KEIR CROSS

I

Ich erfuhr vor etwa fünf Jahren von dem Tod Sir Simon Erskines, als ich gerade in meinem geliebten Schottland lange Ferien verbrachte. Ich hatte ihn ziemlich gut gekannt — er war ein schrecklicher Mann, schwermütig, willensstark, jähzornig. Angeblich war er erst achtundvierzig, als er starb. Und doch war er mir, als ich ihn zum letztenmal gesehen hatte — beim tragischen Tod seiner jungen Frau etwa zwei Jahre zuvor — wie achtzig vorgekommen. Ich weiß noch, wie er damals auf der Veranda seines riesigen, öden Hauses stand, eine düstere, einsame Gestalt, die sich den schwarzen Umhang eng um den Leib zog, während ihm das fast weiße Haar im ewigen Wind jener wilden Pertshire-Ecke um die Schläfen wehte. Er war der letzte Überlebende der Pitvrackie-Erskines — der Schwarzen Erskines, wie sie in den Tagen der alten Covenanter genannt wurden: gnadenlose, streng religiöse Männer, die an Höllenfeuer und Verdammnis glaubten, doch an sonst kaum etwas. Es war ein Schwarzer Erskine, der einem jungen Offizier, welcher in betrunkenem Zustand einige religiöse Wahrheiten angezweifelt hatte, mit einem Schwerthieb den Kopf von den Schultern schlug. Und ein anderer aus dem Klan hatte seine Frau, die er beim Ehebruch ertappte, mit eigenen Händen aufgehängt, nachdem er den Liebhaber vor ihren Augen auf das fürchterlichste mißhandelt hatte. Eine schreckliche Familie von Ungeheuern waren die Erskines, und es gab viel Blutvergießen und Grausamkeiten in ihrer Geschichte.

Etwa einen Monat nach dem Tod von Sir Simon kündigten die Verwalter eine Auktion seiner Besitztümer in Vrackie Hall an. Ich war hinreichend interessiert, um an jenem Tag mit dem quietschenden alten Bus von Perth nach Pitvrackie zu fahren; dabei wollte ich nicht nur das seltsame alte Haus auf dem sturmumtosten Hügel wiedersehen, sondern es bestand durchaus auch die Chance, diesen oder jenen Schatz mit nach Hause zu nehmen. Sir Simon war ein Mann vieler Talente gewesen. Er hatte sich für tausend Dinge interessiert — für die holländische Malerei aus dem siebzehnten Jahrhundert, für die romantische englische Literatur aus dem späten achtzehnten und frühen neunzehnten Jahrhundert und vor allem für ungewöhnliche Musikinstrumente. Auch war er in Afrika auf ausgedehnten Großwildjagden gewesen. Und dort in Afrika hatte er Bridgid Cannell kennengelernt, die er später heiratete und deren seltsamer Tod ihn so schrecklich mitnahm. Ich will an dieser Stelle ehrlich sein und sagen, daß ihn das Ereignis fast bis zum Wahnsinn trieb. Es gab wilde Berichte über sein Verhalten in den letzten beiden einsamen Jahren seines Lebens – etwa wie er sich tagelang in der großen Bibliothek von Vrackie Hall einschloß, wo die verängstigten Hausangestellten ihn manchmal weinen, manchmal laut lachen und zuweilen wie in kummervoller Raserei auf einer Sammlung von Eingeborenentrommeln herumschlagen hörten, die er von einer seiner Afrikaexpeditionen mitgebracht hatte. Der wilde, primitive Rhythmus, der stundenlang ertönte und bis in die entferntesten Winkel des düsteren Hauses zu hören war, hypnotisierte ihn vielleicht soweit, daß er seine Verbitterung und den schrecklichen Verlust vergaß. Er war ein Mann, dessen Geist auch so schon in empfindlichem Gleichgewicht verharrte – ein Mann, der die Einsamkeit um ihrer Wirkung willen fürchtete, der zugleich eifersüchtig und im geheimen seinen Liebhabereien frönte. Weder Bridgid noch seine erste Frau hatten ihn auch nur annähernd ergründen können – es war, als brauchte er sie, als brauchte er ihre Gesellschaft und den Trost ihrer Körper, ohne aber bereit zu sein, ihnen zu seinen innersten Bereichen Zugang zu gewähren – ein Blaubart, der eine Kammer ewig verschlossen hielt. Seine erste Frau, eine junge Schottin aus guter Familie, war, nachdem sie ihn fünf Jahre lang ertragen hatte, mit einem nicht mehr ganz jungen amerikanischen Arzt durchgebrannt. Die Tatsache, daß sie kein Kind von ihm bekommen hatte, aber nach einem Jahr mit dem Amerikaner einen Sohn zur Welt brachte, verbitterte Sir Simon sehr. Und als Bridgid kinderlos starb, so daß er das Geschlecht der Schwarzen Erskines mit sich enden sah, lehnte er sich ungestüm gegen das Schicksal auf; und so schloß er sich in dem verfallenen Haus ein, empfing niemanden, hing inmitten der kostbaren Besitztümer seinen düsteren Gedanken nach und beweinte dabei wie ein verzogenes Kind seine Fehlschläge, hämmerte wild auf den unheimlichen Trommeln herum und schickte ihre unruhige, pulsierende Stimme durch das Tal und zu den abweisenden Klippen des alten Ben Vrackie

hinüber ...
Am Tage des Verkaufs erreichte ich das Haus in erschöpftem und reizbarem Zustand. Ein feuchter, nebelschwerer Wind hatte immer wieder an mir gezerrt, als ich die schlammige Straße von Pitvrackie nach Vrackie Hall erklomm. Dunkle Wolken verhüllten die Bergspitzen, die das Haus umgaben; die Pinienwälder, die meinen Weg säumten, tropften vor Nässe und schienen düstere Boten des Unheimlichen zu sein. Ich sah niemanden, außer einem alten schielenden Kesselflicker, der über der Schulter eine lange Stange mit toten Kaninchen trug, verfilzt und fleckig vor Feuchtigkeit. Ein gelbes Frettchen starrte mich böse aus der Tasche des Mannes an. Unwillkürlich mußte ich an eine alte Furcht aus meiner Kindheit denken — daß Frettchen nämlich einem Menschen an den Hals springen und ihm das Blut aussaugen könnten; doch ich sah sofort, daß das Tier am Handgelenk des Kesselflickers angekettet war. Ich grüßte den Mann, doch er antwortete nicht — er ging stumm seines Weges, die zusammengekniffenen Augen beim Gehen auf den Weg vor sich gerichtet.
Vrackie Hall stand ein gutes Stück von der Straße entfernt in einem riesigen Park voller Bäume inmitten von Gärten, die einmal sorgfältig gepflegt gewesen waren. Eine Auffahrt aus rotem Kies führte zum Eingang. Es gab kunstvolle schmiedeeiserne Tore, und auf den Pfeilern hockten zwei Adler, die sich mit seitwärts gedrehten Köpfen anstarrten. Sie bestanden aus einem weichen Gestein, das im Wetter gelitten hatte, so daß sie von einer schrecklichen und schmerzhaften Krankheit befallen schienen. Das eigentliche Haus, vor fünfundsiebzig Jahren über der alten Burg Erskine errichtet, war eine Mischung aus vielen Stilrichtungen und Epochen. Da gab es zunächst eine große Vorhalle, von glatten griechischen Säulen gesäumt, deren Bogen durch ein auffallendes Fries aus Frucht- und Blumengirlanden geschmückt war, hier und dort unterbrochen durch dickbäuchige Nymphen in züchtigen Stellungen. Auch über einigen Fenstern gab es solche Steingirlanden und zahlreiche Kacheln, gelb und grün glasiert, mit kleinen dicken Amorgestalten und langen Blumengewinden darauf. Die Fenster selbst waren groß, und einige hatten in jeder Ecke eingearbeitete Buntglasflächen. Die Fensteröffnungen an der Vorderseite hatten schmale, vergitterte Läden im französischen Stil, die aufgeklappt waren, einige schmutzig-weiß, andere in abblätterndem Grün gestrichen, unter dem ein wei-

ßer Anstrich zum Vorschein kam. An der Südwand wuchsen üppige Kriechgewächse von einem satten Braun, nur oben und an den Seiten zu frischem Grün sich auswachsend; an der rückwärtigen Wand gab es Spalierobst, in regelmäßigen Abständen an den kalkzerfressenen Steinen festgemacht. Das Dach bestand aus Ziegeln verschiedener Form – einige waren quadratisch, andere spitz wie Diamanten, andere rund und muschelförmig – wobei die Schichten der letztgenannten Ziegel wie Fischschuppen aussahen. Und über allem, auch die Kamine überragend, befand sich ein Glockenturm mit Runddach und weiteren Steingirlanden. Er enthielt eine kleine rostige Glocke, die aus dem alten Kloster von St. Fechan stammte, dessen Ruinen noch in einer Parkecke zwischen den Bäumen zu sehen waren. Diese alte Glocke war noch drei Tage lang nach Bridgid Erskines Tod geläutet worden – nicht zum Zeichen der Trauer, sondern in der letzten vergeblichen Hoffnung, der Lärm, der über die Hügel und durch den dichten Bergnebel schallte, möge sie zum Haus zurückführen, wo ihr verzweifelter Mann auf sie wartete.

Es war ein gräßliches Haus, dieses Heim der Erskines. Ich hatte mich damals oft gefragt, wie es für einen Mann von Sir Simons Geschmack möglich war, in diesem Durcheinander von Stilen zu leben. Doch er schien außerordentlich an dem Haus zu hängen – es war, wie er einmal sarkastisch sagte, eine Verkörperung, eine Projektion seines überentwickelten, gequälten Geistes.

Als ich an jenem Tag der Auktion in Vrackie Hall eintraf, stieß ich auf eine kleine stumme Gruppe, die bereits in der großen Vorhalle zusammengekommen war. Der Auktionator hatte sich noch nicht blicken lassen – wie ich hörte, handelte es sich um einen Mann aus Glasgow, um einen gewissen Gregory, der für seinen trockenen Humor berühmt war. Doch als ich die Anwesenden in der düsteren Halle musterte, wollte mir scheinen, als würde er heute wenig Gelegenheit haben, diesen Humor einzusetzen. Etwa ein Dutzend ernst wirkender Männer und zwei Frauen waren anwesend, und sie unterhielten sich leise in Gruppen zu zweit oder dritt. Ich sah einige Bekannte – zum Beispiel eine der Frauen, eine Händlerin aus Perth, eine gewisse Miss Logan; ich war ihr vor einem Jahr im Haus meiner Mutter vorgestellt worden. Abseits in einer Ecke stand ein alter Mann, den ich schon mehrmals bei Auktionen in Schottland gesehen hatte (Sie müssen wissen,

mich interessierten solche Dinge sehr, und meine besondere Liebe galt alten Gobelins). Dieser Mann, so bildete ich mir wenigstens ein, kam aus Dundee, wo er ein seltsames Geschäft betrieb — niemand von uns hatte bisher feststellen können, worum es sich handelte, obwohl es jedenfalls eine lukrative Sache war, die irgendwie mit Zeichnerei oder dergleichen zu tun hatte. Der Mann hieß Menasseh, ein dürrer kleiner Bursche mit großem Kopf, auf dem ich deutlich ein Toupet ausmachte.
Ich wanderte etwa zehn Minuten lang zwischen den Tischen herum. Gleich auf den ersten Blick entdeckte ich einige exquisite Dinge. Unter den Gemälden waren zwei Miniaturen von Koninck, die mir sofort gefielen, und eine kleine Landschaft von Samuel van Hoogstraaten, die ich gern in meinen Londoner Räumen neben der de Hooch'schen *Studie einer Bergstadt* aufgehängt hätte, welche ich vor einem Jahr bei Christie's erworben hatte. Ich entdeckte auch einige schöne Vasen aus Delft und einen Gobelin von Mortlake — wenn ich mich nicht sehr irrte, die Kopie einer Gobelinkarikatur von Le Brun. Unter den Büchern befand sich eine Erstausgabe von Lewis' *Der Mönch,* und ein von Maturin selbst signiertes Exemplar von *Melmoth der Wanderer.* Auch einige Blake-Zeichnungen gehörten zu der Sammlung und einige der vom Meister handkolorierten Drucke für die *Lieder der Unschuld.* Und inmitten all dieser schönen Dinge befand sich Erskines Sammlung afrikanischer Trommeln, die ungeachtet des seltsamen Hauses merkwürdig fehl am Platze wirkte. Ich schauderte unwillkürlich zusammen, als ich sie mir ansah und an Sir Simons wildes, kummervolles Trommeln in den letzten beiden Jahren seines Lebens denken mußte. Auf ihre Weise waren die Instrumente sicher schön. Bei dem größten war das Fell über hohle Hartholzstämme gespannt, die ringsum primitive Verzierungen aufwiesen. Es gab jedoch zwei hübsche, wenn auch abstoßende kleine Trommeln, deren Klangkörper polierte Menschenschädel waren. Bei einer eingehenden Untersuchung der größeren Trommel machte ich die flache Stirn und die lange Hirnschale des Primitiven aus. Das Trommelfell dieser Instrumente, wie auch das der großen Trommeln, wurde mittels kleiner geschnitzter Elfenbeinpflöcke festgehalten, die schräg eingeschlagen waren. Auf der gespannten Oberfläche befand sich bei beiden Instrumenten ein farbiges Symbol — eine seltsam gewundene Schlange: drei Windungen am Schwanzende,

eine unregelmäßige Acht in der Mitte, und noch zwei Windungen am Kopfende, wobei die langen Zähne nach unten zeigten. Es war die Einfassung dieser Schädeltrommeln, die mich besonders faszinierte. In die Stirn der beiden Schädel war je ein kleines Loch gebohrt worden, und eine lange zurechtgebogene Silberstange endete darin, so daß die Instrumente für den Trommler angemessen schräg standen. Die Trommelstöcke – lange polierte Knochen – ruhten in Vertiefungen am Fuße dieser Silberstangen. Trotz allem waren die Trommeln irgendwie schön, wie sie dort auf dem Tisch unter Erskines Büffel- und Löwenköpfen und seinen über Kreuz hängenden Jagdgewehren standen. Es war unmöglich, von ihnen nicht fasziniert zu sein, obwohl sie so seltsam im Gegensatz standen zu den delikateren Produkten der weniger barbarischen Zivilisation.
Da noch immer nicht mit der baldigen Ankunft des Auktionators Gregory zu rechnen war, ging ich in das erste Geschoß hinauf. Ein oder zwei Käufer blickten bereits auf die Uhren, und ich hörte jemanden bemerken, der Glasgow-Expreß sei wohl wieder mal verspätet, wie üblich. Im ersten Stock blickte ich in einige Zimmer, doch die meisten tragbaren Dinge waren nach unten geschafft worden, und die größeren Gegenstände waren mit Tüchern verhängt – sie wurden zusammen mit dem Haus verkauft.
Ich stand noch an dem hohen Buntglasfenster am Ende des Korridors und schaute auf die nebelverhangenen Hügel hinaus, zuerst durch die weißen Scheiben, und dann, um der Szene mehr Interesse abzugewinnen, durch das rote und blaue Glas, als ich Schritte und eine fröhliche tiefe Stimme hinter mir hörte.
»Hallo, Mr. Ferguson. Ich wußte ja gar nicht, daß Sie auch zu der Auktion kommen – sonst hätte ich vorgeschlagen, daß wir zusammen fahren.«
Ich drehte mich um und stand Miss Logan gegenüber, der Kunsthändlerin, die ich im letzten Jahr im Haus meiner Mutter kennengelernt hatte. Ich begrüßte sie höflich, und wir plauderten eine Zeitlang miteinander – dabei sprachen wir zuerst von meiner Mutter und von den Dingen, die wir seit unserem letzten Zusammensein gemacht hatten, und leiteten dann ganz natürlich auf die Gegenstände im Erdgeschoß und auf Sir Simon über.
»Sie haben ihn doch gekannt, nicht wahr?« fragte die große

Frau, und ich nickte.

»O ja — ziemlich gut sogar. Seltsamer Mann. Unmöglich zu begreifen.«

»Ich habe ihn einmal gesprochen«, sagte Miss Logan nachdenklich, »und fühlte mich dabei sehr unbehaglich — er war irgendwie abweisend und grausam. Wissen Sie, ich bin mit seiner ersten Frau zur Schule gegangen.«

Ich bekundete mein Interesse — und mußte dabei nicht einmal heucheln.

»War sie damals schon so — naja, flatterhaft? Ich meine — Sie wissen doch, daß sie mit dem amerikanischen Arzt durchgebrannt ist . . .«

»O ja, weiß ich«, sagte Miss Logan hastig. »Nein — das war wirklich eine sehr seltsame Sache. In der Schule war sie ganz und gar nicht so — sondern genau genommen ziemlich ernst und wenig unternehmungslustig. Ich habe das nie begriffen . . .«

Sie schwieg und starrte auf die Berge hinaus. Dann fügte sie nachdenklich hinzu:

»Ein tragischer Mann — tragisch. Und er ist der letzte in dieser schrecklichen Familie. Wie war das doch mit seiner zweiten Frau? Wissen Sie darüber Bescheid? Ich habe natürlich die unmöglichsten Gerüchte gehört, aber ich war damals gerade in Frankreich. Die Wahrheit habe ich noch nicht erfahren.«

»Das hat bisher niemand«, sagte ich kurz. »Sie stehen dem einzigen Mann gegenüber, der wirklich die Wahrheit kennt.«

»Was meinen Sie?« fragte Miss Logan und wandte sich einen Augenblick von dem Fenster ab, vor dem sie sich aufgepflanzt hatte.

»Ben Vrackie. Der alte Berg dort ist ihr Friedhof — und ihr Beichtvater. Sie waren zu zweit, müssen Sie wissen!«, fuhr ich fort, »Bridgid und ein alter Freund Sir Simons — ein gebildeter südafrikanischer Neger, der David Strange hieß, ein Anwalt, glaube ich. Simon lernte ihn etwa zu der Zeit in Kapstadt kennen, als er auch mit Bridgid zusammenkam. Strange verbrachte seinen Urlaub hier bei den Erskines, und eines Sonntagnachmittags machte er mit Bridgid eine Wanderung in die Berge. Simon wäre auch mitgegangen, doch er bekam Kopfschmerzen und legte sich statt dessen ins Bett . . .«

Ich hielt einen Augenblick inne und blickte durch die rote Scheibe auf die feuchten Nebelschwaden, die um den Gipfel

des mächtigen Berges wallten. Dann fuhr ich fort:
»Sie sind nicht zurückgekehrt. Sie blieben länger fort als beabsichtigt, und am Abend senkte sich überraschend dichter Bergnebel herab. Simon schickte Suchgruppen los und läutete die alte Glocke im Turm, solange der Nebel dauerte — drei ganze Tage — als eine Art Ruf für sie. Doch sie kamen nicht zurück. Sie müssen meilenweit herumgewandert sein — Sie wissen sicher, wie das ist, wenn man sich im Nebel verirrt — und sind dann vielleicht ausgerutscht und in eine Felsspalte gefallen. Ihre Leichen hat man bisher nicht gefunden . . .«
»Schrecklich«, sagte Miss Logan erschaudernd. »Und das hat dann . . . Es muß schrecklich gewesen sein für Sir Simon — schrecklich!«
Ich nickte.
»Allerdings. Er hatte große Hoffnungen in seine zweite Ehe gesetzt — als letzter der Familie, Sie verstehen. Und besonders nach der tragischen Enttäuschung, die ihm seine erste Frau bereitet hatte . . .«
Wir schwiegen. Unten entstand eine leichte Unruhe, und als wir über das Geländer in die Halle hinabschauten, sah ich, daß Gregory eingetroffen war. Er entledigte sich gerade seines Mantels — ein großer, rotgesichtiger Mann von gütigem Äußeren, der in diesem überfüllten Raum mit seiner aufgeplusterten Art fehl am Platze zu sein schien. Er scherzte mit einigen Käufern herum.
Miss Logan und ich gingen nach unten. Die Interessenten versammelten sich um die kleine Plattform, die man für Gregory errichtet hatte. Wir traten zu der ersten Gruppe.

II

Hier unterbreche ich meine Erzählung für einen Augenblick. Das Schreiben fällt mir schwer — ich bin kein Mann der Literatur. Schon die bloße physische Leistung, die Umstände niederzulegen, ist gewaltig, ganz zu schweigen von der Mühe, die Tatsachen zu koordinieren und für den Leser in vernünftigem Zusammenhang zu arrangieren. Die Feder bewegt sich über das Papier, die Tinte fließt, die Seite füllt sich. Worte und noch mehr Worte, und doch bleiben all die Dinge, die man eigentlich hatte ausdrücken wollen, ungesagt. Ich sitze hier an meinem Tisch in meinem einsamen Zimmer in London, fünfhundert Meilen von Pitvrackie entfernt, und bemühe mich, etwas von den scheußlichen Dingen niederzulegen, die in jenem schlimmen Haus passierten. Warum? Will ich mit meinen Kringeln auf dem Papier die Gespenster vertreiben, die mich verfolgt haben, seit ich die Wahrheit über Simon Erskine erfuhr? Ich weiß es nicht. Ich weiß nur, daß ich diesen Bericht seit fünf Jahren habe schreiben wollen, daß ich mich förmlich danach gesehnt habe. Vielleicht werden diese Worte nie gelesen — insgeheim wünsche ich mir nicht, daß sie gelesen werden. Doch wenn jemand diese Zeilen studiert, kann niemandem ein Schaden daraus erwachsen. Alle Beteiligten sind tot — der alte Samuel Menasseh und sogar Miss Logan, die plötzlich an einem Herzversagen in ihrem Laden verstorben ist, wie ich vor sechs Monaten aus einem Brief meiner Mutter erfuhr.

Und hier ist es nun — all die Meilen und Jahre entfernt. Über meinem Tisch hängt heute die Landschaft von van Hoogstraaten, die ich damals am Auktionstag in Vrackie Hall sah und in mein Herz schloß. Während ich darauf schaue, beiße ich auf die Spitze meines Federhalters. Dieses Bild ist ein Symbol für das Grauen, das ich über die Jahre hin empfunden habe — es ist mir unmöglich, die friedliche Bergszene zu betrachten, ohne an den alten Ben Vrackie zu denken, wie ich ihn an jenem Tag durch das Buntglasfenster mit den blutroten Nebelschwaden rings um den Gipfel sah. Und ich glaube tief in meinem Inneren das dröhnende Echo vibrierender Trommelschläge zu hören, wie sie in den leeren, seelenlosen Zimmern von dem gramgeplagten Mann geschlagen wurden, der so tragisch und gegen seinen Willen der letzte der Schwarzen Erskines war . . . Nun, es ist schon eine alte Geschichte — und gewinnt dadurch, daß ich sie niederschreibe, noch mehr Abstand, sei mein Bericht nun gut oder schlecht. Woher soll ich denn wissen, wie ich meine Schilderung abfassen muß? Woher soll ich wissen, wie ich die Dinge ordnen kann, damit sie den größten dramatischen Wert gewinnen? Vielleicht hebe ich ja ganz unwichtige Punkte heraus und unterdrücke andere, die erleuchtet werden sollten. Ich bin kein Autor. Ich schreibe nur aus einem einzigen Grund — und nur aus diesem Grund — weil ich muß.

Ich zünde mir also eine Zigarette an und kehre zum Tag der Auktion nach Vrackie Hall zurück.

Wir umringten Gregory, den Auktionator, eine kleine, deprimierte Gruppe. Es kamen gute Gebote, obwohl die Szene in dem grauen Licht, das von den Bergen durch die großen Fenster hereinströmte, seltsam leblos wirkte. Gregory gab sich Mühe, seinen berühmten Humor an den Mann zu bringen, doch wir gingen nicht darauf ein – seine Scherze verhallten in den Tiefen der Halle und des Treppenhauses. Schließlich gab er auf. Stimme und Bewegungen bekamen etwas Mechanisches. Er sprach leise und begann zu nicken und Zeichen zu geben, und das Klopfen seines Hämmerchens war kaum noch zu hören. Ich verlor das Interesse, nachdem ich den van Hoogstraaten und den Mortlake-Gobelin gekauft hatte, entfernte mich von der Gruppe der Käufer und begann die Bücher durchzusehen. Ich blätterte gerade in einer frühen Ausgabe des *Vathek*, als mein Blick auf die Gestalt des seltsamen alten Menasseh gelenkt wurde.

Er stand ein Stück links von mir vor dem Tisch mit Sir Simons großen Jagdtrophäen. In seinem Gesicht war äußerstes Entsetzen zu lesen – und doch war dieses Entsetzen grotesk: sein kleiner dürrer Körper stand starr da, so daß sich das staubig schwarze Tuch seines Mantels straff über die Schulterblätter spannte, seine bleichen Augen schienen aus ihren Höhlen zu treten, sein Toupet war ein wenig verrutscht und verlieh ihm ein unpassend keckes Aussehen. Ich beobachtete ihn eine Zeitlang und ging schließlich zu ihm.

»Guten Morgen, Sir«, sagte ich. »Sie scheinen wie ich das Interesse an der Auktion verloren zu haben.«

Da fuhr er zusammen und rückte mit zitternder Hand seine alte Drahtbrille zurecht. Schließlich sagte er:

»Ja ... Ich fürchte, ich habe das Interesse verloren. Ich ...«

Seine Stimme erstarb. Er blickte wieder zu dem Tisch hinüber, und ich folgte seinem Blick – zu den Trommeln, die zwischen den afrikanischen Trophäen standen. Er hustete. Dann nahm er plötzlich seine Brille ganz ab und begann sie mit einem alten Seidentaschentuch zu putzen.

»Ich kenne Sie, Sir«, sagte er mit zittriger Stimme. »Ich habe Sie schon gesehen – mehrmals sogar.«

»Ich bin oft in Schottland«, erwiderte ich. »Und wenn ich mich in Schottland aufhalte, gehe ich oft zu Auktionen. Mein Name ist Ferguson. Ich weiß, daß Sie Menasseh heißen – ich habe Sie auch wiederholt gesehen. Vermutlich sind Sie Händler? Oder sind Sie nur ein Amateur wie ich?«

»Wie?« stammelte er, er schien völlig unkonzentriert zu sein,

er dachte wohl unentwegt an etwas anderes. »Nein – kein Händler. Nur ein Amateur, Mr. Ferguson.«
Dann setzte er seine Brille wieder auf und starrte erneut die Trommeln auf dem Tisch an. Sein Blick hing besonders an den beiden kleinen Trommeln mit den Silberbeschlägen. Er fuhr sich mit der Hand über die Stirn – und sein Toupet verrutschte noch mehr.
»Schrecklich – schrecklich«, murmelte er. »Beim Gott Abrahams, es ist schrecklich ...«
Er schien einen Augenblick in Trance zu versinken. Dann streckte er die Hand aus und malte mit zitternder Fingerspitze auf dem Fell der kleinen Trommeln das eigenartige Schlangenzeichen nach. Ich beobachtete ihn fasziniert.
»Scheußlich schön«, sagte ich, wie um ihm Hilfestellung zu geben. »Typisch Sir Simon, so etwas im Haus zu haben – ein Mann mit seltsamem Geschmack. Wissen Sie, daß er stundenlang wild darauf herumgeschlagen haben soll, als seine zweite Frau verschwunden war?«
»Ja«, sagte Menasseh flüsternd. »Ja, das weiß ich ...«
»Ein seltsamer Ausdruck seiner Trauer.« Ich versuchte ihn noch immer aus der Reserve zu locken – ohne Zweifel war er durch irgend etwas bis ins tiefste Mark erschüttert.
»Ein seltsamer Ausdruck von Trauer, kann man wohl sagen«, murmelte er und schwieg wieder verstört. Eine lange Zeit verstrich, ehe er fast unhörbar hinzufügte: »Ein schrecklicher Ausdruck seiner Trauer, schrecklich und unvorstellbar ...«
Ich sah ihn an und runzelte die Stirn. Er war totenbleich. Immer wieder fuhr er sich mit der farblosen Zungenspitze über die schmalen Lippen. Ich hätte ihn am liebsten gefragt, was ihn so aus der Fassung brachte, doch schließlich kannte ich ihn kaum. In der tiefen Stille, die nach seiner letzten Bemerkung eintrat, begann ich aber unwillkürlich zu überlegen, wer dieser Mann war und was er machte. (Als ich ihn fragte, ob er Antiquitätenhändler sei, hatte ich glatt vergessen, daß wir früher über seinen Beruf gerätselt hatten.) Eine Druckerei, nicht wahr? Oder Malerei? Etwas in dieser Art, überlegte ich nun. Vielleicht ein kleiner Verlag? Doch hätte ich wahrscheinlich davon gewußt, wenn es ein Verlag gewesen wäre; schließlich war das meine Branche – ich kannte die meisten Kollegen in Schottland. Was es auch sein mochte, es war jedenfalls lukrativ – mir fiel ein, daß ich gehört hatte, er sei ein wohlhabender alter Knabe.

Plötzlich merkten wir, daß zwei von Gregorys Helfern auf uns zukamen. Offenbar standen die afrikanischen Trophäen als nächste auf der Versteigerungsliste. Ich warf einen schnellen Blick auf Menasseh.
»Gleich ist es soweit«, sagte ich lächelnd. »Sie scheinen sich sehr für die Trommeln des alten Erskine zu interessieren. Sie werden jetzt wohl versteigert. Wollen Sie sie kaufen?«
Er starrte mich an, und seine Augen wirkten hinter den dicken Linsen seiner Brille riesig.
»O nein«, flüsterte er. »O nein. Gott möge das verhüten . . .«
Die beiden Männer in den grünen Flanellschürzen hoben einige der größeren Trommeln an, um sie zu Gregorys Plattform hinüberzutragen. Wie ich nun bemerkte, sah sich Menasseh hastig nach allen Seiten um; er schien von nervöser Angst befallen. Dann beugte er sich plötzlich zu mir herüber.
»Ferguson«, sagte er. »Ich kann es nicht für mich behalten, unmöglich. Ich muß es jemandem sagen. Ich möchte Sie sprechen — ich muß Sie sprechen.«
»Wir könnten nach draußen gehen«, sagte ich, ein wenig beunruhigt durch seine Nervosität, das muß ich zugeben. »Ich will nicht weiter bieten. Kommen Sie mit?«
»Nein. Nein. Nicht hier«, murmelte er. »Nicht hier — ich kann nicht hierbleiben. Ich bin zu erschüttert — ich muß schleunigst fort.«
Er fummelte in seiner Westentasche herum und drückte mir eine Karte in die Hand.
»Wenn Sie in Dundee sind«, sagte er, »wenn Sie nach Dundee kommen sollten . . .«
»Zufällig muß ich Ende der Woche dorthin«, erwiderte ich. »Ich habe dort ein kleines Geschäft abzuschließen, das ich in meinem Urlaub erledige. Donnerstag, möchte ich sagen — oder vielleicht auch Freitag.«
»Gut. Gut. Könnten Sie mich dann aufsuchen? Um Himmels willen — könnten Sie mich dann aufsuchen?«
Ich nickte; und in seiner Nervosität bewegte auch er den Kopf auf und nieder. Ich betastete seine Karte und las die Anschrift:

SAMUEL MENASSEH

The Portway 39

Dundee

»Meine Geschäftsanschrift«, sagte er, meine Gedanken erratend. »Kommen Sie, wann Sie wollen, diese Woche. Ich werde dort sein. Ich habe ein kleines Zimmer hinter dem Laden, in dem ich wohne – mein Haus, das außerhalb der Stadt liegt, suche ich nur an den Wochenenden auf.« Dann schien er wieder meine Gedanken zu erfassen und fügte hinzu: »Mein Beruf ist seltsam – sehr seltsam. Seien Sie nicht überrascht. Er ist ein wenig – unschön. Ich erzähle niemandem darüber – ich will es auch hier nicht aussprechen ... Aber kommen Sie, Sir – um Gottes willen, ich flehe Sie an, kommen Sie! Sie würde mich ewig verfolgen, diese Sache – ich hätte nie wieder Frieden!«

Er brachte die letzten Worte in einem gepreßten, heiseren Flüstern über die Lippen. Dann wandte er sich ab und verschwand. Ich blieb mit der Karte in der Hand zurück und starrte ihm nach, wie er zur riesigen Eingangstür hinübereilte. Er hatte in mir eine unerträgliche Neugier geweckt – und Bestürzung über seine hastigen und rätselhaften Äußerungen.

Die tiefe, gesunde Stimme Miss Logans brachte mich wieder zu mir. Da stand sie vor mir, eine vernünftige, klardenkende Gestalt in Wanderschuhen und Tweedkostüm, und beobachtete die Männer, die die kleinen Schädeltrommeln zu Gregorys Plattform trugen.

»Ferguson!« rief sie. »Kommen Sie schnell! Schauen Sie sich die beiden Trommeln an – sie sind herrlich. Die kaufe ich – beim Jupiter, die kaufe ich!«

Ich ließ die Karte des alten Mannes in meine Tasche gleiten und ging zu ihr hinüber. Sie hatte bereits die kleinere Trommel ins Licht gehalten und betrachtete ihr silbernes Gestell.

»Schauen Sie mal!« sagte sie aufgeregt. »Seltsam! Hier hat jemand einen Vers in das Silber gekratzt, sehen Sie sich das an, ausgerechnet Shelley!«

Sie las feierlich vor:

»Wenn die leisen Stimmen sterben,
Vibriert Musik in der Erinnerung nach ...«

Und sie lachte.

»Komisch, so etwas auf dem Sockel einer afrikanischen Trommel zu finden! Ihr alter Sir Simon war ein verdammt wunderlicher Knabe, das muß man schon sagen!«

Und da mußte ich ihr zustimmen. Gerade darin mußte ich ihr zustimmen ...

III

Fast Mitternacht. Unglaublich, wie schnell die Zeit vergangen ist. Ich habe kurz vor sieben Uhr mit dem Schreiben begonnen, und seither habe ich nur gegen zehn Uhr eine kurze Pause gemacht, um mir eine Tasse Tee zu kochen. Meine Schreibhand ist verkrampft und tut weh, meine Augen schmerzen sehr von dem starren Blick auf das weiße Papier. Und doch kann ich nicht aufhören — ich muß gleich weitermachen.

Ich blättere zurück, was ich geschrieben habe und bin enttäuscht. Wie unvollkommen ich die Dinge geschildert habe! Eine umständliche Einleitung, zuviel Beschreibung, Gespräche, die auf dem Papier wirr und verrückt aussehen. Und doch habe ich mich wirklich bemüht, angesichts des Alptraums einen klaren Kopf zu bewahren. Ich habe versucht, die Dinge in die richtige Reihenfolge zu bringen und eine Art Atmosphäre zu schaffen. Das alte Haus, Bridgids und David Stranges Tod im Bergnebel, die tragischen letzten Monate des armen verlorenen Mannes . . . Sie sehen, ich weiß nun alles, ich kenne jeden Aspekt der Affäre. Und dies teilt sich jedem Wort mit, das ich niederschreibe, jedem Gedanken, der mir in diesem stillen Zimmer kommt. Meine Feder bewegt sich langsam und sorgfältig über das Papier — vor jedem Wort lasse ich mir Zeit zum Nachdenken. Ich weiß nun alles — alles . . .

Meine Erinnerung schweift unvermutet zu Miss Logan. In ihrer Bedeutungslosigkeit für diesen Alptraum ist sie die groteskeste Gestalt von allen. Tweed, Wanderschuhe, farbloser Lippenstift. Vornehme Zeitschriften, die schottische Nationalistenbewegung, lange Spaziergänge auf den Mooren mit einem derben Wanderstock mit Spitze und Griffen, die sich zu einem kleinen Sitz öffnen lassen. Und in ihrem Laden Chelsea-Porzellan, alte Spinnräder, auf Holz gemalte Bilder, lange gebündelte Tonpfeifen, kleine Schäfergruppen aus grünem Nailsea-Glas — und inmitten all dieser Dinge, vielleicht in einer Ecke versteckt, nachdem die erste Begeisterung an ihnen nachgelassen hatte, die kleinen Trommeln. Ich vermute, daß sie gar nichts von den verrückten Weinkrämpfen Sir Simons gewußt hat, als er diese Trommeln im Tal erschallen ließ . . .

Sie hat mir ja berichtet, ihn einmal getroffen zu haben. Sie fühlte sich in seiner Gesellschaft unbehaglich. Sie war mit seiner ersten Frau zur Schule gegangen. Ein stilles Mädchen. Sie hatte nie begreifen können . . .

Was? Wie konnte sie so etwas auch verstehen? Miss Logan in ihrem kleinen Laden, an Herzversagen gestorben. Doch hatte ihr Herz je richtig geschlagen? Für sie war ein Mann ein Partner für einen Spaziergang im Moor. Natürlich hatte sie nichts begreifen können, sie mit ihrem Gerede von Shelley. Wie auch?

Egal. Sie hatte ihren Laden mit dem grünen Nailsea-Glas. Und über der Tür in altmodischen Goldlettern ein Wort: *Antiquitäten.*

Und jetzt, da ich zum Ende meiner Geschichte komme, denke ich an einen anderen Laden, einen seltsameren Laden. Ich fand ihn im Zwielicht, in einer Nebenstraße nahe den Docks von Dundee. Er hatte eine niedrige Front und wurde durch eine flackernde Gaslaterne am Bordstein nur schwach beleuchtet. Das Schaufenster war leer, über der Tür gab es kein Schild, das Branche oder Beruf des Mieters anzeigte. Nur der Name stand dort in verblaßten Blockbuchstaben:

SAMUEL MENASSEH

Ich klopfte und hörte das Echo durch den Staub und die Dunkelheit des Innern schallen. Ich wartete ungeduldig. Weiter unten an der Straße stolperte ein Seemann durch das Zwielicht und sang auf die gedehnte, kummervolle Art eines Betrunkenen. Noch einmal klopfte ich, und diesmal ertönten aus dem Laden das Schlurfen von Füßen und das Rasseln einer Kette.

Er wirkte heute kleiner, der alte Mann, als ich vom Bürgersteig auf ihn herabblickte. Er trug eine weite Jacke aus grauer Wolle, und den Kopf bedeckte anstelle des Toupets eine schwarzsamtene Kappe – ein Birett von der Art, wie man sie in den Synagogen sieht. Ich begrüßte ihn, und er nickte. Dann bedeutete er mir, ihm in den Laden zu folgen, und ich trat ein.

Es wäre falsch gewesen zu behaupten, daß ich nicht trotz aller Verzweiflung ungeduldig und neugierig war. Zu deutlich erinnerte ich mich an die gestammelten Worte des alten Mannes in der großen Halle von Vrackie, an die Bestürzung und das nervöse Entsetzen, das er ausgestrahlt hatte. Seit diesem Gespräch hatte ich zu oft sein weißes runzliges Gesicht vor meinem inneren Auge gesehen und seine langen zitternden pergamentenen Finger, die das Schlangenzeichen auf dem Trommelfell nachzeichneten. Die Ungeduld verzehrte mich. Als ich ihm durch den dämmrigen Korridor in das Wohnzimmer hinter dem Laden folgte, suchte ich fieberhaft nach Anzeichen, nach einem Schlüssel für das Geheimnis, das ihn umgab. Doch ich sah nichts. Auf halbem Wege durch den Korridor kamen wir an einer offenen Tür vorbei, die in den eigentlichen Ladenraum führte. Ich spähte begierig hinein. Im schwachen Licht der Gaslaterne vor dem Fenster entdeckte ich einen Tresen, der erstaunlich niedrig war. An der Decke darüber hing ein langes, schlangenähnliches Gebilde – zuerst hielt ich es für ein Gasrohr, und gewann dann den Eindruck, daß es sich um einen Bohrer handelte – um die Kabelverbindung eines Pedalbohrers, wie altmodische Zahnärzte sie benutzen. Aber es wäre zu phantastisch gewesen, den Mann für einen Zahnarzt zu halten. Außerdem hatte ich kaum die Vorrichtung im Dämmerlicht gesehen, als ...

Wir erreichten das kleine Wohnzimmer. Ich blieb einen Augenblick stehen und öffnete und schloß die Augen und gewöhnte sie an das Licht, das von dem Gasarm über dem Kaminsims ausging. Das Zimmer war kärglich eingerichtet – ein Tisch, ein Korbstuhl am Feuer, eine alte Kommode, ein Schrank. In der Ecke ein Diwanbett. Einige Bücher auf einem Wandregal, ein geflochtener Pfeifenständer. Und was die Bilder anging ...

Ich, der ich so sehr an die Schönheit von Bildern gewöhnt war, gewöhnt an die zarten Zwischentöne, an die harmonischen Farben und feinen und ausbalancierten Gestaltungen, an all die Zauberei der großen Meister: ich mit meiner Leidenschaft für Gobelins und zartgestickte Bilder – was hielt ich von den ungeheuren Gebilden an den Wänden dieses Zimmers? Ungerahmt, mit rostigen Reißzwecken am Putz festgemacht, mit Leimfirnis überstrichen – die gekrümmten Drachen in wilden Rot- und Blautönen, die purpurnen Blumensträuße, die blutenden Herzen, in denen Pfeile stecken, die massiven nackten Mädchen in auffälligem Violett mit hängenden Bäuchen und roten Warzen auf den Brüsten – was sagten mir all diese Dinge? Und doch wußte ich, daß ich sie kannte – sie waren auf ihre Art unverwechselbar. Ich kramte in meiner Erinnerung und hätte im nächsten Augenblick laut auflachen können. Denn ich hatte rein zufällig vor dem Haus, während ich den betrunkenen Seemann singend über die Straße gehen sah – Sie verstehen, wie das so ist, wenn die Gedanken völlig unlogisch eigene versteckte Orte aufsuchen und alte Bezüge

herstellen – da hatte ich an ein Erlebnis meiner Kindheit gedacht: ob wohl dieser Seemann, wie ich es bei dem einzigen Matrosen meiner Jugend gesehen hatte – tätowiert war! Und ich begriff, was es mit dem Bohrer auf sich hatte, der in Menassehs Laden von der Decke hing – ich konnte mir die eingefärbte Nadel an seinem Ende vorstellen, wie sie immer wieder in weißes, festes Fleisch stach ...
Ich wandte mich um und musterte den alten Mann.
»Ja«, sagte er nickend. »Nicht sehr schön, nicht sehr schön. Keine – vornehme Arbeit, das Tätowieren. Ich mache auch ein Geheimnis daraus. Ich habe Geld, verstehen Sie – ich verdiene gut damit. Ich kann meine Sehnsucht nach schönen Dingen in den Auktionsläden befriedigen. Sie sollten mein Haus vor der Stadt sehen – herrlich, herrlich! Anders als das hier«, fügte er hinzu und machte eine vage Handbewegung. »Oh, ganz anders, ganz anders ... Aber ich verdiene viel Geld damit. Sie haben ja keine Vorstellung, was für Leute sich das wünschen – große Männer: Anwälte – ich habe letzte Woche einen Anwalt aus Glasgow behandelt – er ist extra hergekommen. Auch Frauen. Ich habe laufend zu tun. Manche Leute haben eine Art Faszination dafür, alle möglichen Leute, von denen man's gar nicht denken würde ...«
Und er redete weiter, wobei er sich die Hände rieb. Es war unglaublich, phantastisch – es war zuviel. Doch in einem Hinterstübchen meines Geistes begann die Idee zu pulsieren, die mich in all den Jahren nicht mehr losgelassen hat. Auf dem Tisch des kleinen Zimmers lag, kleiner als die anderen Zeichnungen an den Wänden, doch wie sie in grellen Wasserfarben gemalt und mit Firnis bedeckt, ein Symbol, das ich schon einmal gesehen hatte. Eine seltsam daliegende Schlange: drei Windungen am Schwanzende, eine unregelmäßige Acht in der Mitte und zwei Windungen zum Kopf hin, die langen Fänge nach unten gerichtet ...

Halb zwei. Fast fertig. Ein Jahrhundert ist vergangen, seit ich zu schreiben begann. Wie begann es doch gleich?
»Ich erfuhr vor etwa fünf Jahren von dem Tod Sir Simon Erskines. ... Ich hatte ihn ziemlich gut gekannt – er war ein schrecklicher Mann, schwermütig, willensstark, jähzornig ... Ich hatte ihn ziemlich gut gekannt ...« Wie habe ich das schreiben können? Niemand auf der ganzen Welt kannte ihn – niemand außer seinen unmenschlichen Vorfahren. Und sie

waren Gott sei Dank von dieser Erde verschwunden – wie er. Das Geschlecht der Schwarzen Erskines ist untergegangen – für immer.

Ich betrachte das ruhige Bild über mir. Samuel van Hoogstraaten – ein ruhiger, ungestörter Mann. Seine Welt war eine Hügelszene in Holland: kleine eckige Häuser, Linien auf einer Leinwand. Zu meiner Rechten hängt der Mortlake-Gobelin. Und welche Verbindung haben diese Dinge zu den Dingen, die mir Menasseh in dem Zimmer hinter seinem Laden erzählte ...?

David Strange, der junge farbige Neger – nach eigenen Angaben ein Abkömmling der Könige Cetewayo und Dingaan; denn er trug, wie er Menasseh gezeigt hatte, die königliche Schlange der Zulus auf der dunklen Haut eintätowiert. Und die Frau, die an jenem Tag mit ihm im Laden war und die sich von Menasseh dasselbe Zeichen auf die Brust übertragen ließ, während sie bei jedem Nadelstich zusammenzuckte und mit ihrer weißen Hand die schwarze Hand des Negers umklammert hielt ... Das Zeichen der Blutsverwandtschaft bei den Zulus, das war diese Schlange. Menasseh hatte sich für das Symbol interessiert und auf dem Papier eine Kopie erstellt: nur diese eine Kopie, und auch keine andere Kopie auf menschlicher Haut, nur bei ihr ...

Meine Hand tut weh. Ich lehne mich zurück. Ich betrachte meine Finger, während ich sie strecke, um sie zu entspannen ...

Ich denke ... Gott allein weiß, woran ich denke! An die beiden Schädel, die als Klangkörper der Höllentrommeln dienten. An Miss Logan, die durch das Moor schritt. An die anderen beiden, die Blutsverwandten, die an jenem Sonntagnachmittag eine Wanderung zum Ben Vrackie unternehmen wollten. An Sir Simon, der ihnen sagte, er habe Kopfschmerzen und könne sie nicht begleiten. An die sauberen runden Löcher in den Schädeln, in die die Enden des Silbergestells eingefügt waren. An die Gewehre an der Wand von Vrackie Hall. An die Leichen, die nie gefunden wurden. An die Form des größeren Schädels, die flache Stirn und die langgestreckte Hirnschale eines Primitiven – des Negers. An den gnädigen Hügelnebel, der sich über den unheimlichen alten Berg legte – rot und schrecklich anzuschauen durch das Glas jenes gräßlichen Hauses ...

Ja, woran denke ich ...

An die beiden letzten Jahre des letzten Erskine, an seine Weinkrämpfe und seine Lachanfälle ...
Nein, das Bild wird schwächer. Das Gespenst verläßt mich. Ich denke an nichts mehr.
Außer an das Echo, das durch die Jahre herbeiweht und fürchterlich in meinem stillen Zimmer widerhallt, das Echo von Miss Logans fröhlicher Stimme:
»Jemand hat einen Vers in das Silber gekratzt – ausgerechnet Shelley ...«
Ja. Ausgerechnet Shelley.

Anmerkungen

JOHN GALT (1779–1839) war zwar ein Zeitgenosse Sir Walter Scotts, glaubte sich jedoch ständig im Schatten des älteren Mannes und schrieb sogar einmal: »Was für ein verflixter Bursche dieser Walter Scott gewesen ist, hat er mich doch ganz vom ursprünglichen Weg abgebracht!« Doch Galt war ein Mann von beträchtlichen literarischen Talenten, wie auch ein Pioniersiedler in der besten schottischen Tradition. In Irvine geboren und in Greenock aufgewachsen, mußte er aus gesundheitlichen Gründen viel reisen und lernte in der Levante Lord Byron kennen (über den er 1834 eine hervorragende Biographie schreiben sollte). Nach seiner Rückkehr verfaßte er eine Vielzahl von Romanen und Dramen. Er interessierte sich sehr für Schottlands Reichtum an Sagen und Geschichten über Hexerei und Aberglauben – und dies schlägt sich in einer großen Zahl seiner Geschichten nieder.

JAMES HOGG (1770–1835), wegen seiner ländlichen Herkunft in Schottland als »Schäfer von Ettrick« bekannt, erhielt durch seine Eltern wertvolle Kenntnisse über Folklore und Traditionen seines Landes. Diese Balladen und Legenden über die Mächte der Dunkelheit legte er mit großer Begeisterung nieder – und 1801 wurde er nach einer zufälligen Begegnung mit Sir Walter Scott aufgefordert, Material für dessen in Vorbereitung befindlichen Band *Border Minstrelsy* (1803) beizusteuern. Dies war für Hogg jedoch nicht der selbstverständliche Durchbruch zum Erfolg, und nach einigen wenig erfolgreichen Gedichtsammlungen – und einem Versuch, als Bauer zu leben – zog er nach Edinburgh und konzentrierte sich auf das Schreiben. 1813 schließlich gelang ihm der Durchbruch. In seinen späteren Jahren war er eine bekannte Figur in Edinburgh und bezeichnete sich etwas großspurig als »König der Berg- und Feenliteratur«.

ALLAN CUNNINGHAM (1784–1842) wurde frühzeitig mit der schottischen Literatur bekannt, da sein Vater eine Zeitlang Nachbar und Bewunderer Robert Burns' war, als der Dichter in Ellisland wohnte. In Dumfriesshire geboren, erlernte Allan Cunningham den Beruf eines Steinmetzes, konzentrierte sich dann aber auf das Sammeln traditioneller Balladen und Lieder. Schließlich versuchte er dies zu seinem Beruf zu machen und wurde 1810 mit der Veröffentlichung seines ersten Buches belohnt. Eine Begegnung mit Sir Walter Scott führte zu dem Entschluß, nach London zu ziehen, wo seine erzählerischen Qualitäten ihn bald zu einem beliebten Autor des angesehenen *London Magazine* machten.

JOHN FRANCIS CAMPBELL (1822–1885) ist als der größte Sammler schottischer Folklore bezeichnet worden, und auf jeden Fall hat seine Arbeit auf diesem Gebiet einen riesigen Schatz an mündlich überlieferten Geschichten und Legenden vor der Vergessenheit bewahrt. Man kann die Mühen solcher Männer nicht hoch genug preisen, die in die wildesten und entlegensten Ecken Schottlands reisten, um zuerst das Vertrauen der Einheimischen zu gewinnen und sie dann dazu zu bringen, für die Nachwelt ihre alten Geschichten zu erzählen. John Campbell wurde auf Islay geboren und studierte in Eton und an der Universität Edinburgh. Er schlug zunächst eine juristische Laufbahn ein, gab diesen Beruf jedoch auf, um Sekretär der Leuchtturm- und Kohlekommission zu werden. Seine Leidenschaft für das Hochland und die Folklore führten ihn bald auf seine ausgedehnten Reisen, auf denen er die Erzählungen der Einheimischen sammelte.

JOHN MACKAY WILSON (1804–1835) war der Sohn eines armen Mühlenbauers, war aber trotzdem bestrebt, eine gute Bildung zu erhalten – und als er das erreicht hatte, begann er eine Lehre in der Druckbranche. Dies brachte ihn in Kontakt mit der Welt der Literatur und veranlaßte ihn, nachdem er die Lehre beendet hatte, nach London zu ziehen. Hier begann sein Interesse für die Literatur, die sein kurzes Leben anhalten sollte. Nach seiner Rückkehr nach Schottland wurde er Herausgeber einer Zeitung. Wilsons Liebe für die Traditionen äußerte sich bald in seinen Artikeln und durfte sich dann voll entfalten, als er sich (1834) an eine Wochenschrift wagte, die die Geschichten und Balladen des Nordens nacherzählen sollte. Nach einer Startauflage von 2000 Exemplaren erreichte *Tales of the Border* schnell die für damalige Verhältnisse erhebliche Verbreitung von 16 000 Exemplaren.

ROBERT LOUIS BELFOUR STEVENSON (1850–1894) ist natürlich eine der größten Gestalten der schottischen Literatur überhaupt. Seine Abenteuergeschichten haben bei vielen Generationen von jungen Lesern immer wieder begeistertes Interesse gefunden, während ihm seine Romane wie *Dr. Jekyll und Mr. Hyde* und seine Essays wie *Virginibus Puerisque* einen Platz in der Weltliteratur sichern. Stevensons von unglücklicher Krankheit bestimmtes Leben und seine ständigen Alpträume trugen zweifellos dazu bei, daß seine Geister- und Horrorgeschichten hervorragende Beispiele ihrer Art sind. Mehrere Biographen haben auch einen Einfluß in den Geschichten über unheimliche Kräfte gesehen, wie sie ihm als Kind erzählt wurden. Ein Großteil seines Werks wurde allgemein bekannt und ist sogar noch im Druck, dies gilt aber nicht für seine Fabeln, eine Erzählform, die ihn immer wieder faszinierte.

SIR ARTHUR CONAN DOYLE (1859–1930) ist als Schöpfer des literarischen Ur-Detektivs Sherlock Holmes bis heute einer der meistgelesenen populären Autoren Schottlands. Als Sohn irischer Eltern in Edinburgh geboren, studierte er als junger Mann Medizin und eröffnete in Southsea eine Praxis. Finanzielle Sorgen zwangen ihn, eine zweite Einkommensquelle zu suchen, und er beschloß, es mit dem Schreiben zu versuchen. Er war ein Naturtalent als Geschichtenerzähler und seine Arbeiten waren bald bei den damals bekannten Zeitschriften gern gesehen – beim *Chambers Journal* und beim *Strand Magazine.* In den Jahren unmittelbar nach dem ersten Weltkrieg begann sich Conan Doyle für den Spiritismus zu interessieren und ließ sich sogar dazu bekehren. Seine Ansichten über dieses Thema haben natürlich auch in einige seiner Geschichten Eingang gefunden.

ALGERNON HENRY BLACKWOOD (1869–1951), dessen Vorfahren Schotten waren – wenn er auch in Kent geboren wurde –, nimmt auf dem Gebiet der makabren Literatur eine hervorragende Stellung ein. Während er als junger Mann in Edinburgh studierte, entwickelte er ein besonderes Interesse an Schottland und bewies schon damals bei seinen Touren durch das Hochland den Abenteuergeist, der ihn später in die entferntesten Winkel der Welt führen sollte. Er lebte viele Jahre in Kanada, wo viele seiner Geschichten angesiedelt sind. Der größte Teil seines Werks ist heute in Leinen- wie auch in Taschenbuchausgaben zugänglich, so daß die in diesem Band enthaltene relativ unbekannt gebliebene Geschichte fast eine Rarität darstellt.

ARCHIBALD JOSEPH CRONIN (1896 geb.) hat sich in den Herzen von Lesern auf der ganzen Welt durch seine Romanserie über die beiden schottischen Ärzte Dr. Finlay und Dr. Cameron einen bleibenden Platz erobert. In Cardross geboren, studierte A. J. Cronin als junger Mann Medizin und promovierte 1919 in Glasgow. Später gab er seine Praxis auf, um zu schreiben, und hatte gleich (1931) mit seinem ersten Roman Erfolg. Die in diesem Band enthaltene Geschichte ist kaum eine Märchen- oder Gespenstergeschichte zu nennen; doch sie gehört zu meinen Lieblingserzählungen über ein »unheimliches Erlebnis«.

JOHN KEIR CROSS (1911–1967) hat mein Interesse an der makabren Literatur früh geweckt, und es freut mich besonders, eine seiner Geschichten in diesem Band vorzustellen. In Schottland geboren und erzogen – mit besonderer Liebe für das Hochland –, wurde er früh als Schriftsteller und Funkautor bekannt und gab viele Sammlungen von Horrorgeschichten heraus. Bei seinen eigenen Werken war er der Meinung, die wirksamsten Schreckensgeschichten seien jene, in denen einfach Dinge wie Augen oder Hände oder andere Gegenstände des täglichen Lebens verwendet wurden – denn so brauchte der Leser, wenn er die Geschichte gelesen hatte, gar nicht mal über die Schulter zu schauen – es, das Objekt der Angst, mochte sich direkt vor seiner Nase befinden!

Quellenhinweise

Der Herausgeber dankt den folgenden Autoren (oder ihren Nachlaßverwaltern, Treuhändern oder Agenten) und Verlegern für ihre Erlaubnis, Copyrightmaterial in diesen Band aufzunehmen: den Nachlaßverwaltern von Sir Arthur Conan Doyle für THROUGH THE VEIL; Messrs. A. P. Watt für THE WOLVES OF GOD von Algernon Blackwood; Messrs. A. M. Heath und dem *Readers Digest* für THE STRANGE MEETING von A. J. Cronin; Messrs. A. M. Heath für MUSIC WHEN SOFT VOICES DIE . . . von John Keir Cross aus THE OTHER PASSENGER.

Teuflischer Lesespaß

Englische Gespenstergeschichten
Hg.: Mary Hottinger.
Band 666

Französische Gespenstergeschichten
Hg.: Hans Rauschning.
Band 596

Russische Gespenstergeschichten
Hg.: J. von Guenther.
Band 426

Chinesische Gespenstergeschichten
Hg.: Adrian Baar.
Band 1653

Schottische Gespenstergeschichten
Hg.: Peter Haining.
Band 1673

Irische Gespenstergeschichten
Hg.: Frederik Hetmann.
Band 1716

Ungeheuer
Hg.: Peter Haining.
Band 1417

Spuk
Hg.: Peter Haining.
Band 1447

Stunde der Vampire
Hg.: Peter Haining.
Band 1527

Schrecksekunden
Hg.: Lady C. Asquith
Band 1348

Blutige Küsse
Horror-Roman von Theodore Sturgeon.
Band 1485

FISCHER
TASCHENBÜCHER

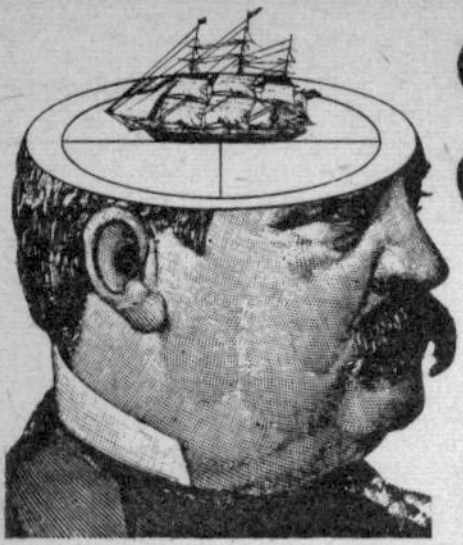